Schriften des deutschen Vereins

für

Armenpflege und Wohltätigkeit.

Sechsundachtzigstes Heft.

Dr. Glum und Clemens Schultz, Neuere Einrichtungen und Pläne auf dem Gebiete der Fürsorge für die normale, volksschulentlassene, männliche, städtische Jugend.

Leipzig,
Verlag von Duncker & Humblot.
1908.

Neuere Einrichtungen und Pläne

auf dem Gebiete

der Fürsorge für die normale, volksschulentlassene, männliche, städtische Jugend.

Bericht	Mitbericht
erstattet von	erstattet von
Stadtrat **Dr. Glum**,	Pastor **Clemens Schultz**,
Dortmund.	Hamburg-St. Pauli.

Leipzig,
Verlag von Duncker & Humblot.
1908.

Alle Rechte vorbehalten.

Altenburg
Pierersche Hofbuchdruckerei.
Stephan Geibel & Co.

Inhaltsverzeichnis.

	Seite
Bericht von Stadtrat Dr. Glum	1
Abgrenzung der Aufgabe	3
Neue Bestrebungen bei den konfessionellen Jugendvereinen	6
Die Jugendvereine nach Schultz und Claßen	11
Die sozialdemokratische Jugendbewegung	23
Aussichten der bisher besprochenen Fürsorgebestrebungen und ihr Wert für die vorbeugende Armenpflege	32
Die Fortbildungsschule als Zentrum der Fürsorge	34
Leibesübungen als Jugendfürsorge	46
Lehrlingshorte und Sonntagsheime	52
Lehrlingsheime	61
Mitbericht von Pastor Clemens Schultz	67

Neuere Einrichtungen und Pläne auf dem Gebiete der Fürsorge für die normale, volksschulentlassene, männliche, städtische Jugend.

Bericht
von

Stadtrat **Dr. Glum,** Dortmund.

Abgrenzung der Aufgabe.

Der Deutsche Verein für Armenpflege und Wahltätigkeit hat sich mit dem Thema „Fürsorge für die schulentlassene Jugend" schon einmal befaßt, nämlich im Jahre 1897 durch einen vom damaligen Landgerichtsrat Dr. Felisch erstatteten Bericht, der im 33. Heft der Schriften des Vereins veröffentlicht ist.

Dieser Bericht läuft nach kurzer Betonung der Notwendigkeit besonderer Fürsorge für die schulentlassene Jugend hinaus auf eine Darstellung der Entstehungsgeschichte, der Zwecke und der Einrichtung des im Jahre 1896 gegründeten Berliner freiwilligen Erziehungsbeirats für schulentlassene Waisen, einer Veranstaltung, über die vorher schon Pazel in seiner Broschüre: Der freiwillige Erziehungsbeirat für schulentlassene Waisen, ein Versuch zur Lösung der Frage: was ist das deutsche Volk seinen verwaisten Kindern schuldig? (Berlin 1896, L. Oehmigkes Verlag), geschrieben hatte, über die Goldmann im Jahre 1906 in seiner Festschrift zum zehnjährigen Bestehen berichtet (Berlin 1906, Verlag von Hermann Kuhz), und über die Felisch in demselben Jahre noch ausführlich in einem Vortrage gehandelt hat. (Schriften des freiw. Erziehungsbeirats Band V.)

Wir dürfen sie heute nicht zum Gegenstand unserer Betrachtung machen, das wäre nicht allein unnütze Wiederholung, sondern es würde auch dem Umstande nicht Rechnung tragen, daß die Fürsorge für die schulentlassene Jugend ein viel weiteres Feld ist, als der Erziehungsbeirat, der seine Tätigkeit auf Waisen, allerdings im weitesten Sinne, beschränkt, sich zur Beackerung und Bestellung vorgenommen hat.

Das wird jedem klar sein, der die beiden Bände 19 und 21 der Schriften der Zentralstelle für Arbeiterwohlfahrtseinrichtungen zur Hand nimmt. Jener mit dem Titel „Fürsorge für die schulentlassene Jugend" enthält 14 verschiedene Vorberichte und die Verhandlungen der IX. Konferenz von 1900; dieser aus dem folgenden Jahre mit der Überschrift: „Fürsorge für die schulentlassene gewerbliche männliche Jugend" verdankt, wie im Vorwort ausgeführt wird, seine Entstehung der Überzeugung der Leitung der Zentralstelle, daß das Thema der Jugendfürsorge so bald nicht wieder von der Tagesordnung der Wohlfahrtsvereine verschwinden werde, daß es aber zunächst gelte, zu spezialisieren und zu vertiefen.

Daher hat sich die Zentralstelle im Jahre 1901 noch weiter, als das damalige Thema erkennen läßt, nämlich auf die Fürsorge für die normale, nicht durch besondere Umstände gefährdete oder schon zu Fall gekommene

Jugend beschränkt, hat trotzdem vier ziemlich ausführliche Vorberichte, nämlich über „die Tätigkeit der Arbeitgeber auf dem Gebiete der Jugendfürsorge im allgemeinen" von Prof. Dr. H. Albrecht und „in Württemberg, Bayern und Baden" von Kolb, über die Tätigkeit der inneren Mission von Pastor Fritsch und die der katholischen Vereine von Dr. Pieper und außerdem eine ausgiebige Diskussion zu verzeichnen gehabt, und doch wird in dem erwähnten Vorwort festgestellt, daß auch auf dem Gebiete dieser Tagung noch eine große unerforschte und anscheinend unbebaute Fläche geblieben sei, nämlich die Fürsorge für die große Zahl derjenigen Jugendlichen, die nicht von jenen konfessionellen Vereinigungen erfaßt würden.

Es liegt nahe, heute zu untersuchen, inwieweit diese Lücke mittlerweile ausgefüllt ist, und daß der Ausschuß unseres Vereins hierauf bei Auswahl des Themas sein Augenmerk gerichtet hat, darf man wohl daraus entnehmen, daß Herr Pastor Clemens Schultz-Hamburg zum Mitberichterstatter bestellt ist, der in jenem mehrerwähnten Vorwort als Pionier in diesem Neulande genannt wird.

Durch diese Wahl des Mitberichterstatters hat der Ausschuß aber auch bekundet, daß von unseren diesjährigen Erörterungen jedenfalls das Gebiet der Fürsorge für die Seele der Jugend nicht ausgeschlossen sein soll; denn der Herr Mitberichterstatter hat das ja oft genug betont, daß er, wenn auch die kirchliche Beeinflussung der Lehrlinge bei ihm zurücktritt, doch in erster Linie, und zwar religiös an den Seelen seiner jungen Freunde arbeiten will.

Und wer wollte auch behaupten, daß Bewahrung und Rettung jugendlicher Seelen nicht mindestens vorbeugende Armenpflege und Wohltätigkeit sei?

Wer dürfte weiter dem Deutschen Verein für Armenpflege und Wohltätigkeit das Recht absprechen, über jeden Teil des großen Gebietes der Jugendfürsorge, wie es Andreas Voigt in seinem Vorbericht zu der obenerwähnten Konferenz von 1900 umschrieben hat, seine Meinung zu äußern?

Jedenfalls wird aber neben der seelischen Fürsorge die heilende und vorbeugende Sorge für das körperliche Wohl aus den Betrachtungen eines Vereins, dessen meiste Mitglieder städtische, öffentliche Armenverwaltungen sind, niemals ausscheiden dürfen. Da aber sehr vieles, um nicht zu sehr in die Breite und zu wenig in die Tiefe zu gehen, ausgeschieden werden mußte, so hat der Berichterstatter sich zunächst darauf beschränken müssen, nur die Gebiete zu behandeln, die nicht seit jenen beiden grundlegenden Konferenzen bereits erschöpfend behandelt worden sind oder in diesem Jahre auf einer größeren Konferenz behandelt werden.

Dieses findet Anwendung zunächst auf die Frage des Schlafstellenwesens und der Ledigenheime, die auf der 13. Konferenz der C. f. Arb.-W.-Einrichtungen im Jahre 1904 in Leipzig (Schriften Bd. 26) eine gründliche und ausführliche Besprechung erfahren hat.

Es trifft ferner zu bei der hauswirtschaftlichen Ausbildung der weiblichen Jugend. Denn dieses wichtige Gebiet, von dem manche die Lösung eines Teils der ganzen sozialen Frage erwarten, das im Jahre 1888 durch die Kaiserin Augusta ausdrücklich als zum Bereiche unseres Vereins gehörig anerkannt wurde, das darauf in unseren Schriften Heft 6, 12 und 14 behandelt worden ist, hat erst in diesem Jahre auf der II. Konferenz der Zentralstelle für Volkswohlfahrt in Berlin eine so gründliche Erörterung gefunden, daß darüber vorläufig zu sagen fast nichts übrig bleibt. Ein Vorbericht: Der gegenwärtige Stand der hauswirtschaftlichen Unterweisung in Deutschland und im Auslande, und der Verhandlungsbericht ist in Karl Heymanns Verlag in Berlin erschienen.

Mit diesem Gegenstande haben wir dann leider Zeitmangels halber die ganze sonstige spezielle Fürsorge für die weibliche Jugend zurückstellen müssen.

Noch ein weiterer, höchst interessanter und aktueller Gegenstand soll ebenso aus dem Kreise unserer diesjährigen Betrachtungen ausscheiden, die „Jugendgerichte" und was dazu gehört und die ganze Fürsorgeerziehung im Sinne der sie betreffenden Gesetze. Denn ehe unser Verein tagen wird, werden sich in Straßburg die deutschen Berufsvormünder über „die Organisation und Wirksamkeit der Jugendgerichte" durch Amtsrichter Dr. Rothschild-Frankfurt a. Main, über „die Wirkung freiwilliger Fürsorgeorgane und der Berufsvormünder (bezw. der Berufspfleger) bei den Jugendgerichten" durch Amtsrichter J. F. Landsberg-Lennep und wird sich darauf der Deutsche Fürsorgeerziehungstag über die Abhängigkeit des Erfolges der Zwangs= erziehungsgesetzgebung von einer Reform des Armen= und Strafrechts durch Dr. Polligkeit-Frankfurt a. M. berichten lassen.

Auch dann aber bleibt immer noch eine so große Zahl von bedeutsamen Fragen über Fürsorge für die schulentlassene Jugend übrig, die wohl am Platze sind, wo über vorbeugende und helfende Armenpflege und Wohltätigkeit gesprochen werden soll, daß man sich hat entschließen müssen, sich noch enger zu beschränken, nämlich auf die normale männliche Jugend. Hierbei wird es nicht notwendig sein — und zwar wiederum, weil das schon oft genug geschehen ist — z. B. in dem grundlegenden Bericht von Andreas Voigt in Nr. 19 der Schriften der mehrerwähnten Zentralstelle und von Suck: Fürsorge für die schulentlassene Jugend (Jena 1904, Gustav Fischer, S. 5—25), das Bestehen der verschiedenen Schäden und Gefahren nachzuweisen, denen die schulentlassene Jugend ausgesetzt ist; man wird von der Forderung ausgehen können, daß alles nur mögliche zu geschehen habe, um die Jugend seelisch und körperlich zu stärken und vor beiderlei Not zu bewahren.

Auch bei dieser Beschränkung hat es uns aber nicht gelingen wollen, über die Betrachtung solcher neuerer Bestrebungen hinauszugelangen, die sich die Fürsorge für die Seele und den Körper im allgemeinen angelegen sein lassen wollen; wir haben auch noch die speziell wirtschaftliche Fürsorge außer acht lassen müssen.

Hiernach werden wir uns zuerst den schon erwähnten Bestrebungen zuwenden können, die sich, wie der Stadtpfarrer Herzog in seinem Referat: „Die in Deutschland bestehenden Arten von Jugendvereinigungen und ihre Grund=

gedanken" (wiedergegeben von Hilfsprediger Roese-Darmstadt in der bei ihm selbst erschienenen Broschüre „Jugendarbeit") nicht unzweckmäßig definiert, im Gegensatz zu der mehr sachlichen Fürsorge für die Jugend, „als persönlich interessierte Arbeit an der Seele der Jugend" darstellen und zwar werden wir hierbei an die Arbeit sowohl der konfessionellen als auch der interkonfessionellen, der religiösen und der neutralen, der unpolitischen und der politisch gerichteten Jugendvereine denken müssen, soweit sie sich mit der schulentlassenen und zwar der soeben schulentlassenen Jugend befassen.

Es kann aber nicht unsere Aufgabe sein — sonst würden wir doch aus dem Rahmen der Armenpflege und Wohltätigkeit heraustreten — die Arbeit dieser Vereine an den Seelen der Jugend zu beurteilen, vielmehr müssen wir, während die Vereine durchgehends auch irdische und körperliche Dinge zum Zwecke der Einwirkung auf die Seele pflegen, unser Augenmerk umgekehrt hauptsächlich darauf richten, inwieweit sie auf materiellem Gebiete zur Fürsorge für die schulentlassene Jugend beitragen.

Neue Bestrebungen bei den konfessionellen Jugendvereinen.

Beginnen wir als mit den ältesten, mit den ausgesprochen konfessionellen Vereinigungen, so können wir auch hier zunächst wieder auf die Arbeiten der Zentralstelle für Arbeiterwohlfahrtseinrichtungen Bezug nehmen, denn die oben bereits erwähnten Referate von Fritsch und Pieper im 21. Heft der Schriften der Zentralstelle und daneben noch zwei kürzere Berichte aus dem Jahre vorher im 19. Bande von Drammer und Fritsch enthalten eine gründliche Darstellung sowohl der geschichtlichen Entwicklung als auch der vielseitigen, man möchte sagen umfassenden Tätigkeit dieser Vereine. Die katholischen sind noch ausführlicher in den beiden neuesten Schriften, Honnef: „Handbuch für katholische Jugendvereinigungen", Freiburg 1906, Charitasschriften Heft 16 und Dr. Aug. Pieper: Jugendfürsorge und Jugendvereine, M.-Gladbach 1908, Volksvereins-Verlag, Nr. 20 der Sozialen Tagesfragen, beschrieben. Wir dürfen uns hier vielleicht darauf beschränken, festzustellen, daß, abgesehen auf katholischer Seite von rein kirchlich gerichteten Kongregationen und auf evangelischer Seite von den, wie Herzog a. a. O. sagt, einzig an dem Zweck der Seelenrettung orientierten Endeavourvereinen, sowohl die evangelischen Jünglingsvereine und christlichen Vereine junger Männer, wie die katholischen, konfessionellen Jugendvereinigungen, die ja durchgehends beide unter der Leitung oder Oberleitung von Geistlichen stehen, ihren Mitgliedern auf allen Seiten, auch ihres leiblichen Wohlergehens soviel wie möglich zu nützen bestrebt sind. Es ist ein förmlicher Wetteifer bei beiden Konfessionen zu bemerken. So werden z. B. in der angeführten katholischen Schrift von Honnef ausdrücklich die auf evangelischer Seite eingeführten Posaunenchöre zur Nachahmung empfohlen (S. 117) und ebenso wird unter nachdrücklichem Hinweis auf die evangelischen berufsmäßigen Helfer die Freistellung Geistlicher von anderer Seelsorge für die Jugendarbeit gefordert (S. 259). Im ganzen wird es, wenn man von jeder religiösen und auch politischen Stellungnahme absieht, kaum einem Widerspruch begegnen, wenn gesagt wird, daß ein evangelischer oder katholischer männlicher normaler Schulentlassener, der einem solchen Verein beitritt, einer weiteren Fürsorge oder Bewahrung nicht bedarf.

Nun ist aber — wir wiesen schon oben darauf hin — eine große Lücke festgestellt worden. Nach den im Vorwort zur Nr. 21 der Schriften der Zentralstelle zusammengestellten Berechnungen von Andreas Voigt wurden von den Jugendvereinigungen beider Konfessionen zusammen noch nicht 8% der Altersklassen von 14—20 Jahren umfaßt. Ob diese Berechnung auch heute noch stimmt, hat sich nicht feststellen lassen; denn nach den sowohl von dem Zentralausschuß für die Innere Mission in Berlin als von dem Verein für das katholische Deutschland in M.-Gladbach eingeholten Auskünften gibt es keine neuere Statistik der Vereine über diese Altersklassen; nach einer im „Leuchtturm" 1907, Nr. 37 enthaltenen Zusammenstellung ist die festgestellte Gesamtmitgliederzahl der evangelischen Jünglingsbündnisse Deutschlands von 77 003 im Jahre 1897 auf 114 781 im Jahre 1907 und die Zahl der Mitglieder unter 17 Jahren von 39 242 im Jahre 1902 auf 50 531 im Jahre 1907 gestiegen; allerdings haben dort im Jahre 1897 der oberrheinische und der Bayrische Bund, die 1907 1437 und 3000 Mitglieder stellen, und hat hier 1902 der Bayrische Bund, dem 1907 1500 Mitglieder unter 17 Jahren angehörten, gefehlt.

Nach Pieper a. a. O. S. 50 weist die neueste Statistik der katholischen Jünglingsvereinigungen, die allerdings nicht ganz neu ist, 150 000 Mitglieder durchweg im Alter von 14—18 Jahren nach, während in jener Vorrede die damalige Angabe Piepers, 140 200 Mitglieder, zugrunde gelegt war.

Der preußische Minististerialerlaß vom 28. November 1901 nimmt an, daß nur etwa 10% der gewerblich tätigen jungen Leute den konfessionellen Vereinen angehören.

Aber wenn auch die Berechnung Honnefs a. a. O. S. 13 für katholische Vereine zutreffen sollte, daß im günstigsten Falle 20—30% herauszuschlagen seien, und wenn auch an andern Orten möglich sein sollte, was Pastor Weigle von Essen bekundet (Die Not unserer männlichen Jugend und ihre Helfer, Hamburg 1908, S. 10), etwa 50% der konfirmierten männlichen Jugend in konfessionellen Jünglingsvereinen zu sammeln, so wird doch im großen Durchschnitt auch heute die früher festgestellte Verhältniszahl nicht wesentlich überschritten sein. Jedenfalls wird hüben und drüben bitter darüber geklagt, daß es immer noch nicht gelingen wolle, den weitaus größten Teil der heranwachsenden Jugend zu gewinnen (vergl. Honnef a. a. O. S. 14, Pieper, Präsideskorrespondenz 1903, Heft 1—2, S. 29). Pieper macht insbesondere auch darauf aufmerksam, daß die Mehrzahl der Mitglieder katholischer Jugendvereine zur Klasse jener gehört, die noch im Elternhause sich befinden und eben dem Wunsche ihrer Eltern folgend den Vereinen beitreten. Ebenso klagt Weigle (a. a. O. S. 4): Wir müssen es uns ehrlich gestehen, daß wir — von Ausnahmen abgesehen — das Gros unserer heranwachsenden Jugend heute mit unsern Jünglingsvereinen noch nicht erreichen.

Professor D. Baumgarten aber hat auf dem elften evangelisch-sozialen Kongreß in Karlsruhe 1900 folgende These aufgestellt:

„Die Unternehmungen der Kirche und Innern Mission, welche darauf ausgehen, christliche Vereinigungen junger Männer zur Bewahrung des Zusammenhangs mit der Kirche und Tradition, zur Sicherung sittlicher, geselliger Einflüsse und zur Behütung vor den Verführungen der Sozialdemokratie zu schaffen, . . . sind wohl geeignet, einzelne, zumal religiös angeregtere und intellektuell weniger entwickelte Exemplare auf guten Wegen zu erhalten, der Entfremdung der Masse des jungen Volkes gegenüber sind sie aber um so ohnmächtiger, je exklusiver sie im christlichen und patriotischen Sinne tätig sind und je weniger sie dem Selbständigkeitsdrang der Jugend Rechnung tragen."

Diese These wurde zwar von der Konferenz nicht zum Beschluß erhoben. Immerhin spiegelt sich aber in Nr. 2 der angenommenen Resolution:

„Eine Besserung ist durch planmäßige Fortführung bestehender und Anknüpfung neuer Verbindungen der schulentlassenen Jugend mit den sozialen Bildungen, in die sich das Volksganze gliedert und organisiert, zu erwarten. Ein bevorzugtes Mittel dafür werden sein die den Kirchengemeinden möglichst eng anzugliedernden Jünglingsvereine und die obligatorische, der Jugend das Bewußtsein des Schülerstandes erhaltende Fortbildungsschule"

die Überzeugung wieder, daß die Jünglingsvereine, wie sie sind, allein es nicht vollbringen können. —

Diese so vielfach vorhandene Überzeugung hat nun mannigfaltige Frucht getragen, und zwar bei Katholiken wie bei Protestanten.

Auf katholischer Seite ist aus ihr zunächst das Bestreben entsprungen, alles zu tun, was nur möglich ist, um mehr Jugendliche in die Vereine hineinzuziehen. Da ist bemerkenswert der Rat Honnefs (a. a. O. S. 170), den katholischen Vereinen wenigstens in Städten nicht etwa rein kirchliche Namen, Namen von Heiligen, vielmehr einen neutralen Namen, etwa „Jugendvereinigung" oder „Jugendliga" zu geben, weil viele junge Leute, zumal in den Großstädten, sich scheuten, in einen Aloysius-Verein einzutreten, während sie ohne Bedenken in eine Jugendvereinigung, die im Grunde genau dasselbe sei, eintreten würden.

Sodann aber ist hier zu nennen eine ganz neue katholische Veranstaltung, nämlich die Vereine katholischer Jugendfreunde und ihr Verband, die zwar mit ihrer Arbeit die gesamte Fürsorge für die schulentlassene Jugend umfassen und für diese Arbeit das gesamte katholische Volk, insonderheit auch Laien aller Stände, aufrufen wollen, die aber ausdrücklich auch den Zweck verfolgen, solche Jugendlichen, die den Jugendvereinigungen noch nicht angehören, dem Gedanken der Jugendorganisation näher zu bringen (siehe Blätter des Verbandes katholischer Jugendfreunde 1907/08 Nr. 5 S. 71). Diese neuen katholischen Vereine führen ihren Ursprung nicht weiter als bis zum Jahre 1902, nämlich auf eine Anregung Dr. Piepers auf dem siebenten deutschen Charitastage, zurück, die dahin ging, daß in jeder Stadt eine Jugendschutzkommission aus gemeinnützig gesinnten Personen, besonders aus den gebildeten Ständen zu gründen sei. Eine solche wurde zuerst in

M.-Gladbach-Eicken von Honnef unter dem Namen „Komitee zur Förderung der Jugendbildung" ins Leben gerufen. Dann folgte im Jahre 1904 in Köln-Nippes als Gründung des dortigen Jugendvereinspräses Kaplan Dr. Sonnenschein die erste „Kommission zur Fürsorge für die schulentlassene männliche Jugend" und 1906 wurde der Verband katholischer Jugendfreunde mit der Geschäftsstelle Köln-Nippes, Blücherstraße 9 und dem Sitze in Köln gegründet. Der Verband umfaßte am 15. Juli 1907 neun Vereine in Köln-Nippes, Köln-Ehrenfeld, Köln-Niehl, Elberfeld, Köln, Hamborn, Efferen-Hürth, Krefeld und Aachen und 114 Einzelmitglieder. Vorsitzender ist Theodor Bornewasser, Lehrer am Realgymnasium in Köln-Nippes. Der Verband hat bisher mehrere einzelne Drucksachen, darunter: Nr. 1 „Aufgaben der Vereine katholischer Jugendfreunde" und „Normalsatzungen für die Vereine", Nr. 2 Einrichtung und Tätigkeit der Vereine katholischer Jugendfreunde, ferner zwölf Flugblätter für die Jugend zwischen Schulbank und Kaserne herausgegeben und läßt seit Mai 1907 die oben erwähnten B. K. J.-Blätter erscheinen. Die Vereine katholischer Jugendfreunde weisen es ausdrücklich von der Hand, etwa neue, vielleicht der kirchlichen Fürsorge fernstehende Jugendorganisationen gründen zu wollen. Auch sie gehen aber, wie aus einem in der ersten Nummer der B. K. J. abgedruckten Aufsatz Sonnenscheins hervorgeht, davon aus, daß der Prozentsatz der von den kirchlichen Vereinen bisher Umfaßten „gering im Vergleich zur Masse" sei, „daß in einen Verein, in dem es schulmäßig hergehe, höchstens die nicht typischen Vertreter der Gattung, die geistig Zurückgebliebenen oder weichlich Veranlagten oder unter dem Druck des Elternhauses Gehorchenden gehen". Vor einem derartigen Ruf wollen sie die kirchlichen Vereine durch die Mitarbeit gebildeter Laien in ihnen bewahren. Sie haben sich mit dem Zentralkomitee der katholischen Jugendvereinigungen Deutschlands zwecks Regelung der gegenseitigen Beziehungen ins Einvernehmen gesetzt (siehe B. K. J. 1907/08, Nr. 5, S. 70). Besprechungen des Verbandes finden sich u. a. bei Honnef a. a. O. S. 280 ff., bei Pieper a. a. O. S. 285 ff. von Heßdörffer, ferner in der „Jugendfürsorge" Jahrgang VII, Heft 7, in Ev. Sozial 1907, Nr. 9/10 von Roese, in der Sozialen Kultur Januar 1908 und im Ratgeber für Jugendvereinigungen Heft 1, S. 14.

Einen noch weitergehenden Vorschlag, um die große Lücke in der Jugendfürsorge auf katholischer Seite auszufüllen, hatte Dr. August Pieper auf dem siebenten deutschen Charitastage zu München gemacht, nämlich den, außer den bestehenden Jugendvereinigungen, die auch er in erster Linie empfiehlt, noch andere Jugendvereinigungen zu gründen, in denen das ausgesprochen religiöse Element, auch wenn die Vereine, was die Regel sein soll, konfessioneller Art bleiben, zurücktreten müsse. Pieper geht bei diesem Vorschlage auf die englische Toynbee Hall und die evangelischen Hamburger und Frankfurter Veranstaltungen zurück. Es ist ihm aber bisher nicht gelungen, mit diesem Plane Eingang zu finden; sein Vorschlag ist vielmehr auf der achten Generalversammlung des Jugendpräsides Deutschlands im Jahre 1905 ausdrücklich abgelehnt worden. Er wird auch von Honnef a. a. O. S. 243 nicht gutgeheißen. Der Grund ist die Befürchtung, es möchten in diese neuen freien Vereinigungen die energischeren und intelligenteren Mitglieder der alten Jugendvereine abwandern und nur das „Gut-Dumme" zurückbleiben. Pieper hat seine Idee in der Präsideskorrespondenz 1903 Heft 1—2 in der Abhandlung „Alte und neue Wege in der Jugendfürsorge" energisch verteidigt; er kommt aber in seinem mehrerwähnten neuesten Werk nur insofern auf sie zurück, als er einmal verlangt, daß die geschlossenen Jugendvereine durch öffentliche Volksbildungsabende, öffentliche Spiele, öffentliche Lesehallen, Hospize, Stellen- und Logisnachweise, Fortbildungskurse und Jugendzeitungen ihre Wirksamkeit über den Kreis ihrer Mitglieder ausdehnen, und indem er ferner die Gründung von losen Jugendvereinen als Vorbereitung für die Gründung von geschlossenen und als Ersatz dieser an kleinen Orten auf dem Lande empfiehlt (a. a. O. S. 52 ff.). Pieper gibt bei dieser Gelegenheit ebenso wie Honnef a. a. O. S. 141 die Begründung einer derartigen losen Jugendvereinigung in einem entlegenen Gebirgsdorfe durch einen rheinischen Landpfarrer wieder, wie sie in dem Schriftchen: Fürsorge für die Abwanderer vom Lande (Soziale Tagesfragen Heft 31, S. 23, 24) dargestellt ist. Auch hier sei diese Schilderung, und zwar auch um deswegen eingerückt, weil sie ein über die katholische Jugendfürsorge hinausgehendes allgemeines Interesse hat und wir im übrigen das gewiß viele Mitglieder des Deutschen Vereins für Armenpflege und Wohltätigkeit besonders interessierende, noch so wenig angebaute Gebiet der Fürsorge speziell für die ländliche Jugend aus Mangel an Zeit nicht haben bearbeiten können. Der Bericht lautet nach Honnef:

„Kurz nach der Schulentlassung lud er (der Landpfarrer) am Sonntag von der Kanzel sämtliche Jugendliche vom 14. bis 20. Lebensjahre ein, sich kurz nach der Nachmittagsandacht vor dem Pfarrhause zu versammeln. Er beabsichtige, mit ihnen einen interessanten Ausflug zu veranstalten. Selbstverständlich war das gesamte junge Volk zur Stelle. Alle waren in gespannter Erwartung, was ihnen geboten werde. In losen Gruppen zog man zu einer naheliegenden Waldhöhe, von der sich eine weite Aussicht darbot. Nach kurzer Rast unter den schattigen Bäumen erklärte ihnen der Geistliche, was die Aussicht darbot: die Gebirgsformation, die Wasserläufe; was jene Ruinen zu bedeuten haben, wann die nahe Stadt gegründet sei, welche Bedeutung sie für den Kreis habe als Mittelpunkt des Verkehrs usw. Er wies auf die wirtschaftliche Bedeutung des Waldes und seiner Hölzer hin und schloß mit einer kurzen Erwähnung der Geschichte der Heimat. Alles war den jungen Leuten neu und interessant. Vor allem aber imponierte ihnen, daß sie den Geistlichen jetzt so ganz anders und menschlich näher mit sich verkehren sahen; sie fühlten sich ihm auf einmal näher gerückt und ihres Vertrauens werter. Befriedigt zog man heim, und keiner hätte in anderer Weise den Sonntagnachmittag verbringen mögen. Beim Abschied wurde fast allgemein an den Pfarrer die Frage gerichtet: ‚Wann können wir wieder einmal zusammen einen solchen angenehmen Sonntagnachmittag verleben?' Der Geistliche widerstand der Versuchung, zu antworten, er wolle sofort einen Jugendverein gründen. Seine Antwort lautete vielmehr: ‚Wenn es euch gefallen hat, lade ich euch nächstens wieder einmal ein,' worauf ihm entgegenschallte: ‚Aber nur recht bald!' Zwei Sonntage gingen dahin, und die meisten jungen Leute langweilten sich fühlbar.

Am drittfolgenden Sonntag lud der Geistliche wiederum die jungen Leute ein, diesmal auf den Abend in den Saal eines Gasthauses. Er hielt einen Vortrag über eine Reise durch die Schweiz, den er durch Lichtbilder erläuterte. Nach Schluß des Vortrags blieb er mit den jungen Leuten noch eine halbe Stunde zusammen, empfahl ihnen die Borromäus-Bibliothek, in der sie unter anderm auch eine Reihe Bücher über Länder- und Völkerkunde finden würden. Das Interesse für diese

Dinge war geweckt, und am folgenden Sonntag fanden sich die meisten jungen Leute ein, um ein Buch aus der Borromäus-Bibliothek zu entleihen.

So ließ er alle zwei bis drei Sonntage eine freie Zusammenkunft folgen. Bald wurde ein apologetischer oder sozialer Vortrag gehalten, dessen Inhalt nachher durch Fragen und Antworten erläutert wurde; bald wurde ein Ausflug oder ein Spiel veranstaltet; oder er legte eine Reihe Kunstwartbilder auf, die er kurz erklärte und dann auf den Tischen zum Beschauen ausbreitete.

Stets folgte eine ungezwungene gesellige Unterhaltung, während welcher der Geistliche Gelegenheit nahm, mit einzelnen Mitgliedern ein Gespräch anzuknüpfen, sich nach ihrer Beschäftigung, Lektüre zu erkundigen. Er regte bald die Benutzung einer Jugendsparkasse an, welche der örtlichen Darlehnskasse angeschlossen wurde. Die Borromäus-Bibliothek wurde durch Jugendschriften erweitert.

Am Schluß des Jahres konnte er eine leerstehende Wohnung um billigen Preis mieten, deren einzelne Zimmer er als Lesezimmer, Spielzimmer usw. herrichtete. Dort fanden die jungen Leute während des Sonntagnachmittags Gelegenheit, sich zu unterhalten. Bilder, die aus Zeitschriften ausgeschnitten waren, ebensolche aus einem landwirtschaftlichen Fachblatt entnommen, waren ohne Rahmen mit Zeichenstiften an die Wand geheftet. Den schönsten Schmuck bildeten die billigen Kunstwartbilder (Verlag von G. Callwey, München, Preis je 25 Pf. im Umschlag, der eine Erläuterung des jeweiligen Bildes bietet). Jedes neu angeheftete Bild, das von Zeit zu Zeit gewechselt wurde, erläuterte der Geistliche vorher, man sah dann die jungen Leute immer wieder die Bilder betrachten und sich über den Inhalt aussprechen. Die der landwirtschaftlichen Fachzeitschrift entnommenen Bilder, welche Viehrassen, verschiedene Getreidepflanzen, landwirtschaftliche Betriebseinrichtungen darstellten, erregten besonderes Interesse und veranlaßten die jungen Leute, Fachzeitschriften und landwirtschaftliche Fachblätter zu lesen. Ein Dutzend strebsamere junge Leute, die wiederholt den Geistlichen über dies und das um nähere Auskunft gebeten hatten, begrüßten lebhaft den Vorschlag, alle vierzehn Tage an einem Wochentagsabend sich zu einem Unterrichtskursus zu versammeln, in dem apologetische, soziale und staatsbürgerliche Fragen behandelt wurden. Bald wurden dessen Teilnehmer die besten Stützen des Geistlichen in der Leitung des Jugendvereins."

Näheres über katholische Jugendfürsorge für die ländliche Jugend findet sich bei Honnef S. 130 ff. und bei Pieper S. 221 ff. von Präses Meis und Präses Offenberg. Bei Honnef ist auch neue Literatur, und zwar nicht nur die katholische verzeichnet. In Evangelisch-Sozial 1907, Nr. 3/4 und 5/6 findet sich ein Aufsatz von Otto Zurhellen: Jugendarbeit auf dem Lande.

Zu der Idee Piepers, allgemein lose, wenn auch tunlichst konfessionelle Jugendvereinigungen mit Zurücktreten des religiösen Elements zu gründen, um die große Masse der Jugendlichen anzuziehen, sei noch bemerkt, daß Honnef ihr wenigstens insoweit ein bescheidenes Nebenbett gräbt, als er sich dafür ausspricht, daß die katholischen Vinzenzvereine die Sammlung der verwahrlosten oder mindestens gefährdeten der Hefe der Bevölkerung angehörigen Jugendlichen in den Großstädten durch Gründung von „Brocken"- und „Schrippenkirchen" in die Hand nehmen sollten (a. a. O. S. 245 ff.) Pieper hatte aber wohl in erster Linie an die Arbeit an der normalen Jugend gedacht.

Die Jugendvereine nach Schultz und Classen.

Was ist nun auf evangelischer Seite geschehen, um die öfter erwähnte Lücke in der Jugendfürsorge auszufüllen? Hier ist es in der Tat zur Gründung besonderer, neben den Veranstaltungen der inneren Mission, neben den Jünglingsvereinen und den Vereinen christlicher junger Männer, stehender Jugendvereinigungen gekommen. Die Vereinigung St. Paulianer Lehrlinge in Hamburg-St. Pauli, die Gründung des Herrn Mitberichterstatters, war im Jahre 1901, zur Zeit der mehrerwähnten X. Konferenz der Zentralstelle bereits 4½ Jahre alt. Im Jahre 1903 bestanden in Hamburg bereits 12 und im November 1907 nach einem von der „Hamburger Zentrale für private Jugendfürsorge" herausgegebenen Verzeichnis der in der privaten Jugendfürsorge Hamburgs tätigen Organisationen 13 solcher von Pastoren geleiteten L e h r l i n g s vereine". Ihr Zweck ist nach dem Verzeichnis, „durch Vorträge, Spiele, Turnen und Ausflüge allgemeine geistige und gemütliche Anregung und Förderung zu bieten". Über ihr inneres Wesen zu sprechen hat der Herr Mitberichterstatter, als der Berufenste dazu, übernommen. Er hat es neuerdings ausführlich z. B. in folgenden Aufsätzen getan:

1. Die Vereinigung St. Paulianer Lehrlinge in Hamburg-St. Pauli (Schriften der Zentralstelle für Arbeiterwohlfahrtseinrichtungen Nr. 23).

2. Über die Schwierigkeiten in der Fürsorge für die heranwachsende männliche Jugend. (Referat bei der Zusammenkunft der Vereinigung der Helfer und Freunde der Jugendarbeit in Marburg am 9. Oktober 1907, abgedruckt in Jugendarbeit von Roese.)

3. Warum aus dem Lehrlingsverein das kirchliche Element ausgeschlossen wird (Evangelisch-Sozial 1907, Nr. 11/12, S. 261 ff.) und

4. mündlich auf dem letzten evangelisch-sozialen Kongreß am 9. und 10. Juni dieses Jahres in Dessau.

Hier sei nur auf einzelne Äußerlichkeiten aufmerksam gemacht; zunächst darauf, daß, wenn auch der Gründer wiederholt, z. B. in dem Aufsatz unter 1. S. 7, darauf hinweist, daß ein j e d e r einen solchen Lehrlingshort gründen könne, ob er Lehrer oder Pastor oder Arzt oder Jurist oder Kaufmann oder Handwerker sei, daß dem Pastor sogar sein Titel schade, dennoch die Leiter aller derjenigen Hamburger Lehrlingsvereine, die den oben angegebenen Zweck verfolgen, und die, wie Schultz (a. a. O. S. 15) sagt, sich zwar wesentlich von den konfessionellen evangelischen Jünglingsvereinen und katholischen Gesellenvereinen unterscheiden, aber doch durchaus auf religiösem Boden stehen, evangelische Pastoren sind, sodann darauf, daß Schultz nicht jeden Jugendlichen, sondern nur L e h r l i n g e, und zwar nur in St. Pauli wohnende oder in St. Pauli konfirmierte aufnimmt, (§ 8 der in dem Aufsatz zu 1. S. 16 abgedruckten Statuten) und endlich, daß, da nach den angeführten Statuten (§ 1) die Vereinigung bezweckt:

1. die heranwachsende männliche Jugend davor zu bewahren, den Sonntagabend in falscher oder schlechter Weise zu verbringen;
2. dieselbe in geistiger und gemütlicher Weise anzuregen;

die Fürsorge für die körperliche Entwickelung der Jugend, das Turnen und Spielen, bei Schultz nur Mittel zum Zweck ist und nur soweit getrieben wird, als es dem Hauptzweck dient: der Jugend eine Persönlichkeit zu vermitteln, der sie Vertrauen entgegenbringen können (vgl. die Ausführungen Schultz a. a. O. S. 5).

Vom Standpunkt der mehr auf das Materielle gestellten Armenverwaltungen müssen wir hier noch erwähnen, daß Schultz 1903 als neue Arbeit seines

Vereins eine Landkolonie eingerichtet hat, in der ein großes Stück Land an einzelne Mitglieder des Vereins wieder verpachtet werden soll und wo die jungen Leute Gemüse, Blumen usw. pflegen sollen. Es wird interessant sein, über die Entwicklung dieses Zweiges der Vereinstätigkeit von dem Herrn Mitberichterstatter selbst Näheres zu hören, ebenso über die eigentlich nur aus Gehilfen bestehenden Klubs (Turnverein, Fußballklub, dramatischer Verein, Orchesterverein) sowie über den Sparverein.

Neben den „von Pastoren geleiteten Lehrlingsvereinen" Schultzscher Art bestanden in Hamburg im November 1907 außer den „Jünglings= vereinen" 5 „Lehrlingsheime des Volksheims", dieser umfassenden, auf dem Vorbild der englischen Settlements beruhenden, aber den deutschen Ver= hältnissen angepaßten Hamburgischen Veranstaltung, deren Zweck der § 2 der Satzungen nennt:

„Die Gesellschaft bezweckt die Pflege persönlichen Verkehrs zwischen gebildeten bürgerlichen Kreisen und Arbeitern zur Förderung gegenseitiger Achtung und gegen= seitigen Vertrauens. Sie will beiden Gelegenheit bieten, sich in ihren Lebens= anschauungen näher kennen und verstehen zu lernen und dadurch den Gemeinsinn beleben; sie will endlich den Gebildeten die Möglichkeit eröffnen, in persönlicher Weise sozial zu wirken.

Die Gesellschaft bezweckt nicht die Förderung irgendwelcher religiösen, politi= schen oder sonstigen Parteibestrebungen, noch duldet sie deren planmäßige Vertretung innerhalb ihrer Veranstaltungen."

Über das Volksheim in Hamburg ist im Rahmen des Themas „Die Anbahnung und Pflege von Beziehungen zwischen den verschiedenen Volks= kreisen" ausführlich in Nr. 31 der Schriften der Zentralstelle für Arbeiter= wohlfahrtseinrichtungen, nämlich in dem Vorbericht von Dr. Robert v. Erd= berg (S. 31—49), einem daselbst abgedruckten Aufsatz von Dr. Wilh. Herz= Hamburg (S. 49—56) und einem Referat von Dr. Jaques=Hamburg (S. 115—122) gehandelt worden. Als Zweck seiner Lehrlingsvereine wird in dem oben genannten Verzeichnis angegeben „Pflege absichtslosen persön= lichen Verkehrs zwischen Gebildeten und jugendlichen Arbeitern, Lehrlingen, um gleichzeitig ihrem Bedürfnis nach höherem Anteil am Kulturleben ent= gegen zu kommen und bei den Gebildeten soziales Verständnis zu fördern".

Ihre Entstehung wird (a. a. O. S. 42 und 121) ausdrücklich auf das Vorbild von Schultz zurückgeführt, ihre wie des ganzen Volksheims Seele ist der Theologe W. F. Classen[1], der Vorsitzende des Vereins Hammerbrock. Von den Vorsitzenden der vier übrigen Vereine ist nur einer Pastor, einer Assessor, die Berufsstellung der beiden anderen ist nicht ersichtlich; das Leben der Vereine scheint ganz ähnlich zu verlaufen, wie in den Schultzschen Lehrlingshorten; bemerkenswert ist aber, daß, während Schultz im all= gemeinen von Unterricht in Stenographie, Sprachen usw. abrät (a. a. O. S. 5),

---

[1] Vgl. dessen Schriften: „Soziales Rittertum in England", „Kreuz und Ambos", beide bei C. Boysen, Hamburg, „Christus heute", bei C. Beck, München, „Großstadtheimat", im Gutenberg=Verlag, Hamburg 1905, ferner die Aufsätze: „Neu= trale Jugendvereinigungen in praktischer und pädagogischer Hinsicht" in Evang. Sozial. 1907 Nr. 7/8 S. 168, „Der Mädchenbund", daselbst Nr. 11/12 S. 240, und „Neue Erfahrungen in den Lehrlingsvereinen des Hamburger Volksheims", im Rat= geber für Jugendvereinigungen Nr. 2 S. 6.

beim „Volksheim" nicht nur die Gehilfenvereine, sondern auch die Lehrlings=
vereine neben Unterabteilungen für Turnen und Spiel auch solche für
Stenographie, Englisch, Mathematik, ferner Schreib= und Aufsatzklubs,
Schachklubs, Tanzkurse, Trompeter=, Trommler= und Pfeiferkorps und Spiel-
mannschaften entwickelt haben, deren Leitung, wie bei Schultz die Vorträge, in den Händen gebildeter, zum großen Teil akademisch gebildeter,
vielfach junger Mitarbeiter des Volksheims ruhen. (Siehe Jahresbericht
1906/07, Seite 63.)

Daß die körperliche Erziehung beim Volksheim eine wichtige Rolle
spielt, geht aus den von Claßen zu den Jahresberichten des Vereins für
Jugendspiele, E. V. in Hamburg regelmäßig gelieferten Beiträgen über die
Spiele im Volksheim deutlich hervor (siehe Jahresbericht 1904 S. 15 ff.,
1905 S. 16 ff., 16906 S. 19 ff. und 1907 S. 15 ff.). 1905 heißt es
darin (S. 17): „Gespielt wird in allen Lehrlingsvereinen etwas, eine
wirkliche Entschlossenheit, auch die leibliche Erziehung zur Charakterbildung
zu benutzen, besteht jedoch nur bei den Volksheimvereinen mit etwa 900 Mitgliedern". 1907 aber schreibt Claßen (S. 15) in einem begeisterten Bericht
über das Spielfest der Jugendgruppen, an dem 250 junge Leute aus den
Gehilfen=, Lehrlingsvereinen und Mitgliedern des Volksheims teilgenommen
haben: „Das ganze Fest, meine ich, hat gezeigt, daß wir in der körperlichen
Erziehung der Arbeiterjugend einen Weg wissen".

Was die Mitgliederzahl der Hamburger Lehrlingsvereine betrifft, so
wird über die Schultzschen wohl der Herr Mitberichterstatter eine Angabe
machen; die Lehrlingsvereine des Volksheims zählten nach dem Jahresbericht
für 1906/07 150, 110, 102, 35, 40, 31 zusammen 468 Mitglieder; hierbei
ist zu bemerken, daß der Lehrlingsverein Altstadt mit 35 Mitgliedern in
dem mehrerwähnten Verzeichnis der Zentrale nicht zu den Lehrlingsvereinen
des Volksheims, sondern zu den „von Pastoren geleiteten Lehrlingsvereinen"
gerechnet wird. Die Gesamtzahl der Mitglieder aller Jugendgruppen des
Volksheims, d. h. der 6 Lehrlingsvereine, 5 Gehilfenvereine, 6 Mädchenvereine
und dreier Knabenvereine betrug nach dem Jahresbericht 1906/07 1020.

Auf die feineren Unterschiede in der Auffassung von Schultz und
Claßen über die Stellung der Religion zu den Lehrlingsvereinen einzugehen,
ist nicht unseres Amts; außer in den eigenen Schriften findet man darüber
näheres in dem bereits angeführten Referat von Stadtpfarrer Joh. Herzog,
abgedruckt in der Broschüre Jugendarbeit von Roese. Interessant für die
Schwierigkeit auch dieser, ausdrücklich nicht kirchlicher Vereine, an die Jugend
heranzukommen, ist eine von Jaques (a. a. O. S. 121) wiedergegebene
Antwort eines Hamburger Jungen, als ihn Jaques selbst, also nicht ein
Geistlicher sondern ein Rat, zu seinem damals eben begonnenen Lehrlings=
verein einlud: „Nee, mit so'n heiligen Kram will ich nichts zu tun haben".

Darüber, inwieweit speziell die Jugendarbeit des Hamburger Volksheims
außerhalb Hamburgs Nachahmung gefunden hat, finden wir in dem Jahres=
bericht 1906/07 (S. 40) die Angabe, daß Kandidat Röthig in Dresden
zwei und Dr. Voßberg in Schöneberg einen Lehrlingsverein gegründet habe
und daß Vikar Gerok in Heilbronn eine Lehrlingsgruppe leite. Auf den
von uns entsandten Fragebogen haben wir über die Schöneberger Gründung

nichts näheres erfahren. Über die beiden Dresdener Vereine lesen wir in dem 19. Jahresbericht des Vereins Volkswohl (1907) einen Bericht, den wir hier folgen lassen:

Lehrlingsvereine.

„Der Lehrlingsverein Altstadt (Vorsteher: Herr Gymnasiallehrer P. Röthig) führte im vergangenen Jahre sein bescheidenes aber freudenreiches Dasein in hergebrachter Weise weiter. Allsonntäglich versammelte er sich im Winter in der siebenten Stunde im Volksheim, Annenstraße 49, im Sommer bereits nachmittags 3 Uhr im Heidepark zu fröhlichem Spiel. Hier im Heidepark entstand im Laufe des Jahres auch ein neuer Anziehungspunkt, der manche Mitglieder veranlaßte, soweit es der reichliche Regen gestattete, bereits von 7 Uhr früh an draußen zu sein. Durch den Vorstand des Vereins Volkswohl wurde den Lehrlingen ein kleines Stück Heide zur ausschließlichen Benutzung überwiesen: hier richteten sie sich häuslich ein.

Eine willkommene Abwechslung boten die Ausflüge, die zumeist die Dresdener Heide oder auch den Poisenwald zum Ziel hatten. Einmal ging's nach Schloß Scharfenberg: am schönsten und interessantesten aber war der Ausflug in die Sächsische Schweiz. In frühester Morgenstunde bereits standen die Teilnehmer hoch über einem weißen Nebelmeer auf dem Felsen des Kleinen Bärensteins, um dann weiter über den Königstein nach dem Pfaffenstein zu wandern und über den Gohrisch nach der Stadt Königstein zurückzukehren.

Zweimal lud der Verein die Eltern und Freunde der Lehrlinge zu einem Elternabend ein. Das erste Mal am 10. März nach dem Löbtauer Volksheim, wo er die dichtgedrängte Zuhörerschaft durch die Aufführung des Roquetteschen Lustspiels ‚Der Schelm von Bergen' und einer aus Gesang und Deklamation bestehenden Märchendichtung ‚Die Heinzelmännchen von Köln' erfreute und durch Schattenbilder (‚Die lustige Diebsjagd') in die heiterste Laune versetzte. Der zweite Elternabend fand am 25. Dezember im Volksheim Nieritzgarten statt und bot in der Hauptsache einen Vortrag über Theodor Körner, umrahmt von Deklamationen seiner Gedichte, Aufführung von Szenen aus seinem Trauerspiel ‚Zriny' und Vorführung von Lichtbildern aus seinem Leben.

Die Mitgliederzahl des Vereins blieb das ganze Jahr hindurch nur gering. Zu groß ist die Macht des Vorurteils unter der Mehrzahl der Jugendlichen gegen alle Jugendvereine. Dies Mißtrauen gilt es durch stete treue Weiterarbeit in dem bisherigen freien und fröhlichen Geiste langsam zu entkräften. Auch unsere Hoffnung, daß ein großer Teil der konfirmierten Heidefahrer, mit denen wir bereits im Winter 1906/07 Ausflüge unternommen hatten, beitreten würden, erfüllte sich nur in geringem Maße. Das gab Veranlassung, in diesem Winter noch auf andere Weise die Heidefahrer für den Verein zu interessieren. Herr Freers richtete vom ersten Sonntag des Oktober an einen Handfertigkeitsnachmittag für den ältesten Jahrgang der Heidefahrer ein. Seitdem wird jeden Sonntag von 3—5 Uhr fleißig gesägt und geschnitzt, und die Jungen sind ganz mit dem Gedanken vertraut, nach Ostern noch zusammenzubleiben und einen Jugendverein zu gründen. Der alte Lehrlingsverein Altstadt wird das nicht mehr sein. Denn mit Schluß des Jahres 1907 ist er aus seiner Heimatstätte ausgewandert und in den neuen Saal des Volksheims Nieritzgarten in Neustadt übergesiedelt. Hier hofft er auf ein kräftiges Anwachsen und Gedeihen unter dankenswerter Mithilfe zahlreicher Studenten der Technischen Hochschule als neuer ‚Jugendverein Volkswohl'.

Der Lehrlingsverein Dresden-Löbtau (Vorsteher Herr Lehrer Alfred Pohle) versammelte sich im verflossenen Jahre regelmäßig Sonntags abends von 6—10 Uhr im Saale des Volksheims Crispiplatz. Wenn der Saal von den Mitgliedern des Bau- und Sparvereins oder von der Guttemplerloge besetzt war, wurde von den leitenden Damen der Kleinkinderbewahranstalt freundlichst der Spielsaal zur Verfügung gestellt. Den Damen sei dafür bestens gedankt. Das Zusammenarbeiten mit dem Altstädter Vereine wurde gern aufrecht erhalten; sahen wir doch seine Mitglieder wiederholt bei uns, besonders zahlreich, als der Führer der Hamburger Lehrlingsvereinsbestrebungen, Herr W. Classen, uns besuchte und den Vortrag selbst übernahm. Ganz- und halbtägige Ausflüge führten uns in die weitere und nähere Umgebung Dresdens. Führungen in Museen usw. erweiterten den Gesichtskreis der Teilnehmer. Die Freitagabende führten uns zu zwangloser Unterhaltung und Spiel zusammen. Herrn Lehrer Marschner und Herrn Student O. Schubert sind wir für ihre freundliche Mitwirkung zu herzlichem Dank verpflichtet. Ein Stamm alter, treuer Mitglieder hält fest am Verein. Die zugesicherte Hilfe und fleißige Mitarbeit seitens einiger Herren von der Technischen Hochschule berechtigt uns zur Hoffnung auf eine weitere günstige Entwicklung der Lehrlingsvereinssache."

Über den Heilbronner Verein berichtet Gerok in Nr. 3 des Ratgebers für Jugendvereinigungen, herausgegeben von der Zentralstelle für Volkswohlfahrt. Der Bericht, der die Gründung des Vereins ausdrücklich auf Clemens Schultz und Walter Classen zurückführt, enthält auch eine eingehende Schilderung des Vereinslebens, aus welchem intime Versammlungen an Werktagsabenden, Sonntagsversammlungen mit Vorträgen, Spaziergänge mit Wanderkapelle, regelmäßige Lichtbildervorführungen auch für die Angehörigen und ein Jahresfest mit Theateraufführung hervorgehoben werden. Turnen, Gesang, technische Fortbildungsfächer usw. werden nicht gepflegt. Im übrigen lassen wir aus dem Bericht das nachstehende hier folgen:

„H. ist eine industrielle Mittelstadt von 40000 Einwohnern. Seit langem schon hat es natürlich seinen Jünglingsverein, der zwar nach Alter und Stand in drei Abteilungen (Christlicher Verein junger Männer, evangelischer Jugendverein und Schülerkränzchen) geteilt ist, im übrigen aber ein großes, schwer zu überschauendes Ganze ohne lokale Gliederung bildet. Aus verschiedenen Gründen schien mir die Gründung eines zweiten selbständigen Vereins für die schulentlassene männliche Jugend angezeigt. Zunächst: Jugendvereine können ihre erzieherische Aufgabe nicht mehr so gut erfüllen, wenn sie allzu groß werden. Es ist hier fast wie bei den Schulklassen, die Masse erdrückt das persönliche Wirken. Da nun an eine lokale Gliederung innerhalb des alten Vereins nicht zu denken war, so lag eine Begründung eines Ergänzungsvereins — natürlich nicht Konkurrenzvereins — nahe. Ferner ist es eine Tatsache, daß ein sehr achtbarer Teil der Jugend sich nun mal von den spezifisch christlichen Formen der Jünglingsvereine eher abgestoßen als angezogen fühlt, ohne deshalb für Sammlung und Beeinflussung von christlicher oder humanitärer Seite in freieren Formen unzugänglich zu sein. Ich konnte damals zudem noch mit Erfolg auf junge Leute aus entschieden sozialdemokratischen Kreisen rechnen. Neuerdings ist durch Gründung der sozialdemokratischen Jugendorganisation dieses Feld allerdings für uns so ziemlich abgeschnitten. Um so deutlicher aber zeigt es sich, daß eine Schicht vorhanden ist, die weder für Jünglingsvereine noch für Jugendorganisation zu haben ist, und die nach unserer Vereinsform sozusagen „schreit". Es sind das zum geringen Teile Söhne aus dem kleinen Mittelstande, zum größeren Teile strebsamere und selbständiger denkende Söhne aus der Lohnarbeiterklasse. Durch meine Bekanntschaft und Fühlung mit der Hamburger Jugendarbeit fühlte ich mich nun getrieben, für diese Kreise etwas zu tun.

Ich fing im Frühjahr 1906 auf meinem Studierzimmer, das natürlich bald zu klein ward, mit etwas über einem Dutzend junger Leute an, meist solchen, die ich als kirchlicher Vikar in der Volksschule in Religion unterrichtet hatte, und die eben konfirmiert waren. Naturgemäß kommen nur vorwiegend Befähigtere in Betracht, mit ihnen allein konnte ich einen soliden Grund legen, und sie zeigten sich auch in erster Linie dem Rufe folgsam. Es war meist ausgesprochen ‚proletarische' Jugend, die jetzt in eine Handwerkslehre ging, um später als gelernte Arbeiter in die Großindustrie zu wandern. Im Laufe des Jahres wurden es etwa doppelt soviel, bei der darauf folgenden Schulentlassung etwa vierzig, und zwar ohne öffentliche Propaganda, und obwohl zwanzig nach und nach abfielen. Ich habe mit meiner bescheidenen Zahl genug zu tun, nur so ist eine Arbeit möglich; ein Masseneintritt wäre nur schädlich. Trotz mancher bitterer Enttäuschung im einzelnen schlug meine Rechnung nicht fehl: es bildete sich ein fester Kern fähiger, treuer und eifriger Mitglieder, die mir gegenüber viel Vertrauen und Anhänglichkeit zeigen und für ihr Alter Verständnis und Geschicklichkeit für die Vereinsaufgaben beweisen. Sie betrachten mein Zimmer als ihre zweite Heimat und mich als ihren älteren Freund — und dies Verhältnis ist im Grunde das Geheimnis alles etwaigen Erfolgs. Daß bei soviel gewordener und gemachter Verbitterung noch so viel Fähigkeit zu vertrauensvollem Anschluß an einen Vertreter einer anderen Bildung, Gesinnung und Lebensstellung vorhanden ist, das ist gewiß ein gutes Zeichen für unser Volk.

Weniger richtig erwies sich allerdings der andere Teil meiner Rechnung, nämlich die Hoffnung, in der Art des Hamburger Volksheims einen Stamm gebildeter Helfer zu gewinnen. Doch wurde mir von verschiedenen Seiten immer wieder oft sehr wertvolle Hilfe zuteil: an Kräften für Vorträge z. B. hat es nie gefehlt. Aber wie das Pflichtgefühl besonders jüngerer Gebildeter in dieser Richtung zu steigern sei, bleibt noch eine offene Frage. Zur Sicherung des Vereinsbestandes bat ich einige Herren (je einen Pfarrer, Professor, Fabrikanten, Volksschullehrer, Rechtsanwalt und Arbeiter), ein Komitee zu bilden, und ich habe stets einen wertvollen Rückhalt an ihm gehabt. Durch das Entgegenkommen der Stadtverwaltung erhielten wir einen geräumigen Saal im Oberstock einer Turnhalle zur Verfügung und konnten dort mit einem Schranke einziehen, der bald mit Büchern, Spielen usw. reichlich gefüllt war. Die Geldmittel mußte ich regelrecht zusammenfechten, hatte damit noch manche, aber nicht meine schwersten Sorgen. Mit Einnahmen von 300 bis 500 Mk. pro Jahr kann man durchkommen. Da große Ausgaben, wie Sekretärgehalt, Miete usw., wegfallen, so können wir im Kleinen (z. B. bei Aufführungen) umsomehr in den Beutel greifen. Und die Ansprüche auch der Arbeiterjugend in Vereinssachen sind in einer Stadt wie H. nicht gering; so darf man hier nicht sparen. Die Verbindung mit einem Turnverein zur Ermöglichung einer eignen Turnstunde hat sich auf die Dauer nicht bewährt. Ich lasse meine Leute jetzt ruhig nebenbei in vielerlei Turnvereinen turnen, es hat Treue und Eifer für unsern Verein bisher noch nie beeinträchtigt.

Einigen Nutzen hat dagegen die Fühlung mit dem (liberalen) evangelischen Arbeiterverein gebracht, nicht nur durch Unterstützung und Besuch bei Festen, sondern auch zum Teil sehr wirkungsvolle Vorträge von Arbeitern aus ihrem Leben. Ganz ohne Agitation hat sich auch eine Art Gauverband gebildet, sofern sich drei ländliche Nachbarvereine — teils neugegründet, teils aus dem Jünglingsbund ausgetreten — unserer Richtung angeschlossen. Das ermöglichte Einladung bei Festen, Aushilfe mit Bläserchor, gemeinsame Bestellung von Lichtbildern, persönlichen Austausch der Leiter usw. Nutzbringend ist mir ferner die Zugehörigkeit zur Gesellschaft für Verbreitung von Volksbildung (Berlin), von der wir billige Bücher und Lichtbilder beziehen. Die Beziehungen zum hiesigen Jünglingsverein sind im allgemeinen schiedlich-friedlich."

Aus den Orten außer Hamburg, an welchen sich nach dem Vorbericht zur 15. Konferenz der Zentralstelle für Arbeiterwohlfahrtseinrichtungen Volksheime befinden, nämlich in Jena und in Fürth, wird uns über das Bestehen von Lehrlingsvereinen im Schultz-Classenschen Sinne nichts bekundet; wohl tagen im Volkshaus in Jena Jugendvereine und das fast vollendete Bestehornhaus in Aschersleben enthält sechs Zimmer für Jugendklubs (Turn- und Gesangvereine, Jünglingsvereine, wissenschaftliche und dramatische Vereine usw.), und soll nach dem Willen des Stifters eine Erholungsstätte insbesondere für die christliche Jugend bilden; bisher wird aber aus Aschersleben außer über einen christlichen Verein junger Männer, einem Evangelischen Jugendverein „Weißes Kreuz", einer Jünglingsabteilung der St. Margarethengemeinde, abgesehen von den katholischen Vereinen, nur über eine Jugendvereinigung der Gewerbeschule berichtet, auf die wir später zurückkommen müssen.

Dagegen wird aus Gotha mitgeteilt, daß dort eine Vereinigung ehemaliger Konfirmanden des Herrn Pfarrers Burbach nach dem Hamburger Vorbilde bestehe, und aus Naumburg über einen von Lehrern gebildeten Jugendbund „nach Clemens Schultz Statuten" mit 54 Mitgliedern im Alter von 14—17 Jahren berichtet. In Geestemünde besteht ein interkonfessioneller, unpolitischer, von einem Geistlichen geleiteter männlicher Jugendverein Philadelphia ohne Altersgrenze; wie er sich im übrigen zu dem Hamburger Muster verhält, ist nicht ersichtlich.

In Bernburg hat sich im Jahre 1906/07 neben dem evangelischen Männer- und Jünglingsverein, ihm erheblich Abbruch tuend, ein Jugendverein Martin gebildet, in dem an Sonntagabenden auf christlich nationaler Grundlage Belehrendes und Unterhaltendes geboten wird und Turnabende und Fußballspiele veranstaltet werden.

In Osnabrück besteht ein interkonfessioneller, unpolitischer, von einem (evangelischen?) Geistlichen geleiteter Jugendverein für das Alter vom 14.—17. Lebensjahr, in Hannover ein interkonfessioneller, unpolitischer, von Rektor Harries und Lehrern geleiteter Lehrlingsverein, desgleichen einer in Spandau, von einem Lehrer geleitet; desgleichen in Bochum; in Augsburg ein liberaler Jugendbildungsverein, von Lehrern geleitet, für das Alter von 14—17 Jahren und in Erfurt ein interkonfessioneller, unpolitischer, von dem Oberregierungsrat von Natzmer geleiteter Jugendverein.

In Charlottenburg ist am 3. November 1907 das erste Charlottenburger Lehrlingsheim „Jugendklub Charlottenburg" eröffnet worden.

Auch er ist eine Veranstaltung des freiwilligen Erziehungsbeirats der öffentlichen Waisenpflege und des Pfarrers Dr. Luther, ist aber nicht für die Pfleglinge des Erziehungsbeirats, sondern für die gewerblich tätige männliche Jugend der Stadt überhaupt bestimmt und will ihr im Gegensatz zu früher bereits veranstalteten Unterhaltungsabenden die Möglichkeit geben, sich allabendlich in geeigneten Räumen zusammenzufinden. Die amtlichen Nachrichten der Charlottenburger Armenverwaltung XI S. 1399 äußern sich über die Einrichtung weiter, wie folgt:

„Künstlerischer Wandschmuck, eine Bibliothek, eine reiche Auswahl von Zeitschriften, eine große Zahl von Gesellschaftsspielen, sowie Vorträge und gemeinsame Veranstaltungen aller Art werden den Mitgliedern den Aufenthalt in den Räumen behaglich und angenehm machen. Es soll gemeinsam gespielt, gemeinsam Lektüre getrieben, ab und zu auch ein kleines Theaterstück einstudiert werden; für die Sonntage sind gemeinsame Besuche der Museen, im Sommer gemeinsame Wanderungen in die Umgebung von Berlin in Aussicht genommen, für die Sonntag-Abende Vorträge von allgemeinem Interesse geplant. Im Sommer soll im Garten des Hauses auch gemeinsam geturnt werden.

Das Ganze soll die Form eines Klubs haben, dem jeder junge Mann im Alter von 14—18 Jahren beizutreten berechtigt ist. Der monatliche Beitrag von 10 Pf. soll in eine gemeinsame Kasse fließen, um bei den gemeinsamen Ausflügen im Interesse

Fürsorge für die normale, volksschulentlassene, männliche, städtische Jugend. 19

der Mitglieder verwendet zu werden. Zur Leitung ist ein seit Jahren in der Jugendpflege tätiger Herr gewonnen, der die jungen Leute, die Mitglieder des Klubs werden, nach jeder Richtung zu fördern bereit ist. **Jede religiöse oder politische Tendenz soll ausgeschlossen bleiben.**

Die Räume werden allabendlich von 7 Uhr ab, Sonntags schon von 4 Uhr nachmittags ab, geöffnet sein.

Für das erste Vierteljahr sind folgende Veranstaltungen in Aussicht genommen:

- 3. November: Eröffnung.
- 10. November: Märchenvorlesung des Dichters Rudolph Vogel aus dem Schwarzwald.
- 17. November: Spiel- und Unterhaltungsabend.
- 24. November: Vortrag des Herrn Professor Stolze: Eigene Erlebnisse in Persien.
- 1. Dezember: Lichtbildervortrag des Herrn Oberlehrers Lenz: ‚Rund um Berlin'.
- 8. Dezember: ‚Lichtbildervortrag des Herr Oberlehrers Dr. Samter: ‚Aus dem alten Rom'.
- 15. Dezember: Vorträge und Rezitationen von Mitgliedern des Jugendklubs.
- 22. Dezember: Weihnachtsfeier."

Man wird diesen „Jugendklub" wohl unbedenklich den nach Schultzschem Muster entstandenen zurechnen können, ebenso vielleicht den in Eisleben bestehenden von Lehrern geleiteten Verein „Jugendhort".

Über einen ganz neutralen „Jugendklub" hat ferner der Stadtrat Dr. Weinrich in Rixdorf auf dem 30. ordentlichen Brandenburgischen Städtetag in Havelberg 1907 (S. 34 ff. des Verhandlungsberichts) Mitteilung gemacht. Der Klub ist die Veranstaltung des Erziehungsbeirats für schulentlassene Waisen; die Oberleitung hat ein dafür remunerierter Gemeindeschullehrer; die Vorsteher des Klubs und der Sektionen für Marschausflüge, Gesang, Turnen, Jugendspiele, gesellige Veranstaltungen und für Vortragsabende werden von den Mitgliedern gewählt. Diese, 170 an der Zahl, sind meist Fortbildungsschüler. Dem Klub steht eine Parterreetage mit Garten zur Verfügung. Die Einrichtungskosten betragen 1500 Mark, die laufenden 3000 Mark. Sie werden durch Beiträge der Stadt, des Ministers für Handel und Gewerbe und Private gedeckt.

In seinem Leitsatz 4 empfiehlt Weinrich „Sammlung der Minderjährigen in Vereinen (Jugendbund, Jugendklub), welche auf dem Wege der Belehrung und Unterhaltung neben der Erholung die sittliche Festigung ihrer Mitglieder ohne Voranstellung einer besonderen Tendenz auf freier Grundlage bezwecken"[1].

---

[1] Nähere Mitteilungen über den Charlottenburger und den Rixdorfer Jugendklub finden sich in der Nr. 1 des II. Jahrgangs des Ratgebers für Jugendvereinigungen vom August 1908 S. 12 ff. Demnach ist die Mitgliederzahl bei beiden nach Ausscheiden bloß Neugieriger von 150 bzw. 170 auf 62 bzw. 60 gesunken.

Es wird sicherlich in kleineren Städten noch mehr derartige Vereine geben; es ist anzunehmen, daß mehr über sie bekannt wird, wenn erst einmal der schon erwähnte Ratgeber für Jugendvereinigungen, der Mitteilungen über Jugendvereinigungen der verschiedensten Richtungen enthält, längere Zeit hindurch erschienen ist. Als eine Veranstaltung, um sie auszubreiten, kann der Ministerialerlaß vom 28. November 1901 betrachtet werden, der ausdrücklich auf die Zentralstelle für Arbeiterwohlfahrtseinrichtungen und seine von uns öfters erwähnten Verhandlungen von 1900 und 1901 verweist. Der Zentralausschuß hat darauf im April 1902 in Berlin einen Kursus für Leiter von Vereinigungen für die schulentlassene gewerbliche männliche Jugend veranstaltet, als dessen Niederschlag der Leitfaden „Jugendklubs" zu betrachten ist, der von Clemens Schultz eingeleitet wird und nach dem Vorwort in der Hauptsache an diejenigen Vereinigungen denkt, welche „— nicht im Gegensatz — wohl aber in Ergänzung der konfessionellen Vereine entstehen und den Teil der Jugend sammeln, der sich den segensreichen Einflüssen jener entzieht". In demselben Fahrwasser bewegt sich die später erschienene zwanglose Korrespondenz „Jugendklubs", als dessen neue Folge wiederum der mehrerwähnte Ratgeber erscheint.

Ein ähnlicher Kursus hat nach einem Referat des Bürgermeisters Schimmelmann aus Großsalze auf dem siebenten Sachsen-Anhaltischen Städtetag 1905 im Jahre 1904 in Halle a. S. stattgefunden auf Grund eines Aufrufs, in dem es ausdrücklich hieß, man solle Jugendvereinigungen nach dem Vorgange von Cl. Schultz in Hamburg und Frankfurt gründen. Aus den Verhandlungen dieses Städtetages ist mehrerlei interessant; zunächst, daß, trotzdem der Referent ausdrücklich auf den Unterschied dieser Vereinigungen von den Jünglingsvereinen hinwies und berichtet, man habe in Großsalze, um keine Konkurrenz zu machen, nur den Jünglingsverein ausgebaut, in der Diskussion im allgemeinen über Jünglings- und Jungfrauenvereine gesprochen wird, bis ein Redner bemerkt, diese würden, da der Geistliche und der Lehrer die Sache leiten, von der Sozialdemokratie angegriffen, und er g l a u b e , man habe mit den Jugendvereinigungen etwas anderes im Auge. Sodann sind interessant manche Mitteilungen aus kleinen Städten, die für alle Jugendvereinigungen von Bedeutung sind. In Osterburg, ebenso in Ellrich konnten Jungfrauenvereine und Jünglingsvereine kein Lokal finden, aus Hohenmölsen wird geklagt, bei einem von der dortigen Fortbildungsschule aus veranstalteten Spaziergang seien von 90 Schülern zwei erschienen und die jungen Lehrer wollten alle Mühewaltung in der Jugendfürsorge gleich bezahlt haben. Der Bürgermeister Regel aus Wettin warnt davor, man solle nicht in kleinen Städten durch besondere Jugendvereinigungen aus den bestehenden Turnvereinen die wohlerzogenen Elemente herausziehen, worauf der Bürgermeister Rose aus Hohenmölsen darauf hinweist, daß in den Turnvereinen bis 10, 11 Uhr im Wirtshaus gesessen werde.

Der Beschluß des Städtetags lautet:

„Für die schulentlassene Jugend ist die Einrichtung von Jugendvereinigungen notwendig. Der Staat wolle daher zur Bildung solcher Vereine, besonders für schulentlassene Mädchen, durch entsprechende Beihilfe auf die einzelnen Gemeinden fördernd einwirken, besonders ist die Einrichtung von Haushaltungsschulen zu unterstützen[1]." —

Die Bestrebungen, neben den kirchlich gerichteten evangelischen Jünglingsvereinen die Jugend in kirchlich neutraler Weise zu sammeln, haben in allerletzter Zeit, nämlich im Juni 1907, auch zur Gründung einer auf ganz Deutschland berechneten Vereinigung geführt, nämlich der „Vereinigung der Helfer und Freunde der Jugendarbeit". Diese Vereinigung, der auch Classen und Schultz angehören, und deren Geschäftsführer der Hilfsprediger Roese in Darmstadt ist, bezeichnet sich selbst als ein Parallelunternehmen zu dem Verband der katholischen Jugendfreunde, von dem oben die Rede gewesen ist (Jugendarbeit S. 18). Sie ist im Anschluß an den evangelisch-sozialen Kongreß entstanden, steht auf dem Boden dieses Kongresses, will aber nicht nur den linksstehenden sondern den gesamten evangelischen Jugendvereinigungen Raum gewähren und an den einzelnen Orten die gesamten Bestrebungen für die normalen Jugendlichen zusammenfassen, insbesondere auch die Lehrstellenvermittlung pflegen, die Fürsorge für Verwahrloste dagegen der bestehenden betreffenden Ortsgruppe der deutschen Zentrale für Jugendfürsorge überlassen (siehe ersten Jahresbericht S. 14). An Drucksachen der Vereinigung ist der in „Evangelisch Sozial" 1907 erschienene, auch im „Ratgeber" Nr. 2 abgedruckte Aufruf zu nennen, ferner die mehrerwähnte Broschüre „Jugendarbeit" und der erste Jahresbericht für die Zeit bis zum 30. April 1908, in welchem das Verhältnis zu den Jünglingsbündnissen als ein freundliches klargelegt, sodann die verschiedenen innerhalb der Vereinigung bestehenden Richtungen und ferner die Stellung zu der Kirche und den Parteien behandelt wird.

Die Mitgliederzahl betrug im August 1907 223, Ende 1907 292, April 1908 375. Die erste veröffentlichte Mitgliederliste liegt uns nicht vor. Von den in der Ergänzung aufgeführten 156 Mitgliedern sind 136 geistlichen Standes, von den übrigen 20 gehören 7 dem Lehrstande an.

Die Vereinigung will neben den Ortsverbänden auch Landesverbände gründen, nach dem Jahresbericht (S. 5) aber nicht, wie von seiten der Jünglingsbündnisse befürchtet wird, einen Verband von Jugendvereinen. Es wird allerdings die Bildung eines Verbandes derjenigen Vereine für erwünscht erachtet, „die ihrer Art nach sich nicht den Jünglingsbündnissen angliedern können oder mögen". Die Vereinigung der Helfer und Freunde soll diesen Verband aber nicht organisieren, sie soll nur eine Vereinigung von Vereinsleitern und Freunden der Jugend sein. Aus Württemberg wird berichtet, daß auf der am 21. April 1908 in Stuttgart abgehaltenen Versammlung württembergischer Jugendarbeiter betont sei, daß die Vereinigung die Bildung von Sonderbündnissen, die aus lokalen praktischen Bedürfnissen herauswachsen, nicht verurteilt, und aus Baden, daß dort ein Landesverband am 23. April 1808 in Heidelberg gegründet sei und daß ihm etwa

---

[1] Außer in Sachsen haben solche Kurse auch noch in den Provinzen Hessen-Nassau, Hannover und Westfalen stattgefunden. In jenen beiden Provinzen haben sich infolgedessen unter Leitung der betreffenden Oberpräsidenten stehende Jugendkomitees gebildet. Darüber und über an die Regierungsbezirke angeschlossene Vereine in Ostpreußen wird ebenfalls in der Augustnummer des „Ratgebers" gehandelt.

30 Jugendvereinigungen, hauptsächlich in den Städten, z. B. in Heidelberg, Karlsruhe, Freiburg, Mannheim und Lörrach angehören.

Am 9. und 10. Juni 1908 hat die Vereinigung in Dessau wiederum im Anschluß an den evangelisch-sozialen Kongreß ihre Frühjahrsversammlung abgehalten. Der Geschäftsführer Roese hatte dazu einen vorbereitenden Aufsatz: „Generalversammlung der Jugendfreunde" in den Nummern 1 und 2 des Jahrgangs 1908 von „Evangelisch-Sozial" geschrieben. Auf der Tagesordnung stand ein Vortrag: „Die wirtschaftliche Not der schulentlassenen männlichen Jugend und ihr Schutz" von Rohrer, Geschäftsführer des Vereins Jugendfürsorge in Frankfurt am Main, der wegen plötzlicher Erkrankung des Referenten hat ausfallen müssen. Statt dessen haben dann unser Herr Mitberichterstatter und Classen ihre Ideen entwickelt.

Es sollte ferner über ein Programm der Vereinigung beraten werden. Zu einer Beschlußfassung ist es aber, wohl mit Rücksicht auf das Ausfallen jenes Referats, nicht gekommen. Der Herr Geschäftsführer teilt uns aber nach der Versammlung, wohl als deren Niederschlag, mit, was folgt: „Die Vereinigung sieht als ihre Hauptaufgabe an, zur Sammlung der Jugend in Vereinen anzuregen und den rechten Erziehergeist in unseren Gebildeten zu wecken. Sie will neben dieser Hauptaufgabe in sozialer Hinsicht a) mit den geistigen und sittlichen Zuständen der jugendlichen Arbeiter die Öffentlichkeit bekannt machen; b) die wirtschaftliche Lage der Jugendlichen im einzelnen beobachten und ihre Eindrücke und Anregungen weitergeben; c) sie will zugleich die Ergebnisse, die andere Gesellschaften betreffend die Lage der Jugendlichen erforschen, sich aneignen, und in den Kreisen, die wir erreichen können, bekannt machen. In der Betonung der Vereinsarbeit, d. h. Vereinserziehung unserer jugendlichen Arbeiter ohne Nebenzwecke in politischer, kirchlicher oder sozialer Hinsicht hat unsere Vereinigung ihre eigene Bedeutung innerhalb der anderen deutschen Jugendfürsorgebestrebungen.

Noch nach dem evangelisch-sozialen Kongreß hat sich am 21.—23. Juni 1908 die Jahresversammlung der Südwestdeutschen Konferenz für innere Mission mit der neuen Richtung der evangelischen Jugendfürsorge beschäftigt: Der Referent über „den Kampf um die Jugend", Pfarrer Frasch, Heilbronn, hatte dazu den Leitsatz aufgestellt:

Die in der Vereinigung der Helfer und Freunde der Jugendarbeit sich sammelnde neue Richtung (Clemens Schultz, wieder etwas anders Walter Classen), die im wesentlichen auf der Linie des Evangelisch-Sozialen Kongresses steht, ist mit ihrer Kritik der Jünglingsvereine und ihrem Programm eines neuen, speziell für die Arbeiterjugend berechneten Vereinstypus im höchsten Grade beachtenswert, aber weder kann sie noch will sie die Jünglingsvereine ersetzen, sondern nur ergänzen.

a) Beachtenswert sind vor allem folgende durch diese Bewegung an uns gestellte Fragen:
α) Fordert die materielle und geistige Eigenart der Arbeiterjugend nicht Sammlung in besonderen Vereinigungen („Lehrlingsverein", „Volksheim"), womöglich in enger Verbindung mit der kirchlichen Gemeindearbeit — „Gemeindeideal"?
β) Sind unsere Jünglingsvereine nicht für die Mehrzahl, speziell der Arbeiterjugend, zu pietistisch (keine direkte religiöse Beeinflussung in kirchlichen Formen, d. h. Bibelstunde und gemeinsames Gebet!)?

γ) Müßte die Jugendarbeit nicht entschiedener auf den persönlichen Faktor gebaut sein (der Leiter „der ältere Freund"!)?
b) Zu fragen bleibt:
ad α) Ist eine so weitgehende „Differenzierung" der Jugendarbeit erwünscht?
ad β) Wird hierbei der religiöse Faktor, ohne es zu wollen, nicht doch verkürzt?
ad γ) Wird hier nicht die Persönlichkeit des Leiters überschätzt bzw. überlastet?
c) Auf jeden Fall ist freundliche Fühlungnahme zwischen der älteren und dieser neuen Bewegung anzustreben."

Über die mehrerwähnten „Frankfurter" Vereine haben wir durch unsern Fragebogen und auch durch sonstige Erkundigung nicht Neueres erfahren[1]. Wir nehmen an, daß die mündliche Verhandlung Berichte über sie bringen wird. Dasselbe gilt für den von Andreas Voigt dort unter dem Namen „Die Schmiede" eingerichteten Jugendverein, über den er ausführlich mündlich auf der Konferenz der Zentralstelle im Jahre 1900 berichtet hat. (Schriften Nr. 19, S. 340 ff.)

Die sozialdemokratische Jugendbewegung.

Wir können unseren Bericht über die persönlich interessierte Arbeit an der Seele der Jugend nicht schließen, ohne einen Blick auf die bei uns in Deutschland ebenfalls noch ganz neue Arbeit der Sozialdemokraten an der schulentlassenen Jugend zu werfen. Die Meinungen der sozialdemokratischen Schriftsteller und Parteimänner über diese Frage stimmen durchaus nicht überein. Dr. Frank-Mannheim empfiehlt in einem Aufsatz „Sozialistische Jugendorganisationen" in der Neuen Zeit 1904, S. 726 die Bildung sozialistischer Jugendorganisationen, hauptsächlich um der Jugend eine sozialistische Bildung zu vermitteln. Backhaus, daselbst 1906, S. 668, prüft vor allem die Frage, wie die Jugend zu gewinnen sei und will in Konkurrenz mit den konfessionellen Jünglingsvereinen Jugendheime errichten, die Arbeiterbildungsvereine ausbauen, die Arbeiterturnvereine als Konkurrenz der patriotischen Turnvereine unterstützen und erst, wenn all dieses nichts nützt, neue Jugendvereine gegründet sehen. Maschke (Neue Zeit 1906, Nr. 6, S. 570) erachtet es für dringend notwendig, daß die heranwachsende arbeitende Jugend, und zwar schon im Lehrlingsstadium, im Sinne der modernen Arbeiterbewegung beeinflußt und erzogen wird und daß die zu dem Zwecke zu schaffende, ausschließlich von den Jugendlichen zu verwaltende Jugendorganisation nicht nur eine rein wirtschaftliche Interessenvertretung sei, auch nicht die Jugend allein der Ideenwelt des Sozialismus näher bringe, sondern auch auf das ganze sonstige Leben der Arbeiterjugend Einfluß gewinne. Er empfiehlt als Gegengewicht gegen die klerikalen Jünglingsvereine Jugendheime mit Vorträgen, Spielen und anderen Darbietungen. Wally Zepler (in den Sozialistischen Monatsheften 1906, Nr. 9, S. 765)

---

[1] Der Ratgeber für Jugendvereinigungen kündigt für seine nächste Nummer Berichte über Frankfurter Jugendarbeit an.

will die Jugend vielleicht sogar schon vom 12. Lebensjahr an in besonderen Jugendheimen vereinigen, will Frauen zu Leiterinnen der Vereinigungen machen, warnt aber, wie Schultz und Classen vor direkt kirchlicher Beeinflussung warnen, davor, die jungen Leute direkt politisch zu beeinflussen, weil nichts gefährlicher auf jugendliche Menschen wirke, als jede absichtsvoll betonte Überzeugung, „weil nichts leichter Gleichgültigkeit oder sogar die natürliche Oppositionslust wachruft."

Göhre dagegen in seinem Vorwort zu der Broschüre von Max Peters „Der Weg zum Licht" (Berlin 1907, Buchhandlung Vorwärts) will die wirtschaftlichen Interessen, und zwar die sozialen wirtschaftlichen Interessen der Jugendlichen in den Mittelpunkt der Jugendvereine stellen; er betont, daß die Selbständigkeit und Freiheit der Jugendorganisationen ihre Begrenzung und Anlehnung brauchen, daß ihre demokratische Verfassung durch eine Korporation einiger reifer Erwachsener, die die Vereine unter ihrem taktvollen Einfluß behalten, ergänzt werden müsse.

Nach Eduard Fischer aber in seinem Aufsatz Jugenderziehung (in Nr. 9 der Sozialistischen Monatshefte von 1906) gehört die Jugend bis zum Alter von 17, 18, frühestens 16 Jahren, in Fortbildungsschulen, Gewerbeschulen, Bildungsvereine, daneben in Vereine, die die ästhetische und die Körperkultur fördern, von da an in die gewerkschaftliche Organisation. Fischer sagt, vor dem 17. Lebensjahr sei der Mensch für politische Fragen noch nicht reif; bis dahin müsse man die Erziehung der Jugend den Eltern und Pädagogen völlig überlassen; „weder Herzensbildung, noch Unterricht, noch Körperpflege haben etwas mit dem Sozialismus zu tun."

Der erste deutsche sozialdemokratische Jugendverein ist im Jahre 1903 in Offenbach in Hessen gegründet worden. Ihm folgten bald mehrere in Süddeutschland, zunächst in Heidelberg, Pforzheim, Freiburg und Mannheim. Im Winter 1906 gründeten die süddeutschen Vereine „den Verband junger Arbeiter Deutschlands", der nach Frank, Die jugendlichen Arbeiter und ihre Organisation (Berlin 1906, Buchhandlung Vorwärts, S. 30) in diesem Jahre schon 3000 Mitglieder zählte. Der Verband gibt ein Monatsblatt „Die junge Garde" heraus, Redakteur Dr. Frank, Mannheim. Er hat im Jahre 1906 in Mannheim im Anschluß an den sozialdemokratischen Parteitag eine Generalversammlung abgehalten. Auf dieser wurde außer anderem auch ein Referat Katzensteins über Alkohol und Jugend erstattet; K. empfiehlt allen Ortsvereinen und Verbandsmitgliedern die Förderung der alkoholgegnerischen Bestrebungen; für den ersten wichtigen Schritt in dieser Richtung erklärt er die Abschaffung des Genusses alkoholischer Getränke bei allen geschäftlichen und belehrenden Zusammenkünften, sowie die Beseitigung des Trinkzwanges und der Verherrlichung des Alkohols bei allen Gelegenheiten. Ob die Resolution angenommen wurde, ist aus dem Bericht in den Sozialistischen Monatsheften 1907, S. 97 nicht ersichtlich; angenommen aber ist sie z. B. auf einer Gaukonferenz der pfälzischen Vereine.

Im Mai 1908 ist in einer außerordentlichen Generalversammlung in Darmstadt mit Rücksicht auf das neue Vereinsgesetz beschlossen worden, den Verband aufzulösen und dafür ein Aktionskomitee aus über 18 Jahre alten

Genossen zu bilden und die bestehenden 85 Ortsvereine mit 4500 Mitgliedern in unpolitische Bildungsvereine umzuwandeln[1].

Aus dem Vereinsleben berichtet Frank a. a. O., daß viele Ortsvereine Lehrlingsschutzkommissionen gegründet haben, daß von Mitgliedern oder älteren Genossen geschichtliche und naturwissenschaftliche Vorträge mit Diskussionen gehalten, Ausflüge und Spiele im Freien veranstaltet werden. Die Feste sollen keinen rohen Charakter annehmen. „Die jungen Genossen werden zwar nicht verpflichtet, Abstinenten zu werden, sie werden aber durch Vorträge und Beispiele auf die schweren Folgen hingewiesen, die der Alkoholgenuß für den jugendlichen Körper haben kann" (Frank a. a. O. S. 31). „Statt durch Alkohol wird die Geselligkeit durch das freie Arbeiterlied gepflegt."

Interessant für die der Armenpflege auch besonders nahestehende Frage der Wertung körperlicher Übung ist ein Bericht des Ortsvereins Offenbach am Main über eine Mitgliederversammlung, in welcher beschlossen wurde, einen Faust- und Schleuderball nebst den dazu gehörigen Utensilien anzuschaffen, um an Sonntagen Spielausflüge zu veranstalten, und der Anregung des ersten Vorsitzenden, Schwimmen zu lernen, Folge zu leisten (Junge Garde Jahrg. 1, Nr. 4). Die Redaktion bemerkt dazu:

„Wir freuen uns, daß die Offenbacher Genossen Wert auf körperliche Übungen legen; aber wir vermissen daneben eine Mitteilung über die geleistete Aufklärungsarbeit. Wurden keine Vorträge gehalten?"

In Preußen, wo die politische Betätigung Jugendlicher gesetzlich beschränkt war, wurde im Jahre 1904 ein Verein der Lehrlinge, jugendlichen Arbeiter und Arbeiterinnen Berlins und Umgegend gegründet, der 1906 schon 1300 Mitglieder zählte. Er wurde nicht von Erwachsenen, sondern von den Jugendlichen selbst, und zwar hauptsächlich durch einen Lehrling Max Peters ins Leben gerufen, der die Entstehung des Vereins in seiner oben bereits angezogenen Broschüre beschreibt. Der Verein wird unter Aufsicht einiger älterer Berater fast nur von Jugendlichen verwaltet. An 100 Jugendliche werden zu praktischer Mitarbeit als Abteilungsführer und Bezirksführer herangezogen. Die Aufgabe des Vereins ist nach Peters (S. 35) eine dreifache: die Aufklärung über die materielle Lage, die geistige Ausbildung und die sittliche Erziehung der Jugend. Daneben ist eine Beschwerdestelle geschaffen, bei der jeder Jugendliche seine Klagen anbringen kann und die für Abhilfe, eventuell für öffentliche Brandmarkung sorgen will. Im Vordergrunde steht hierbei, wie Göhre hervorhebt, das wirtschaftliche Interesse der Jugendlichen. Der § 1 der Satzungen lautet: „Der Verein .... bezweckt, die wirtschaftlichen, rechtlichen und geistigen Interessen der Lehrlinge, jugendlichen Arbeiter und Arbeiterinnen zu wahren und zu fördern. Dieser Zweck soll erreicht werden durch 1. Gewährung von unentgeltlichem Rechtsschutz bei Streitigkeiten, die aus dem Arbeitsverhältnis entstanden sind oder in welche die Mitglieder infolge

---

[1] Näheres über die Generalversammlung findet man in „Die junge Garde" 3. Jahrgang Nr. 5 (Mai 1908), und in der mehrerwähnten Augustnummer des Ratgebers S. 7 ff.

ihrer Vereinstätigkeit geraten; 2. Errichtung von Stellennachweisen; 3. Veranstaltung statistischer Erhebungen über die Lage der Lehrlinge usw.; 4. Errichtung von Bibliotheken und Leseräumen; 5. Abhaltung von Vorträgen und Unterrichtskursen; 6. Pflege der Solidarität und des geselligen Verkehrs der Mitglieder".

Der § 4 schreibt vor, daß Mitglieder, die ihre Lehrzeit beendet oder das 18. Lebensjahr überschritten haben, nur dann in dem Verein verbleiben dürfen, wenn sie sich einer gewerkschaftlichen Organisation anschließen.

Seit 1906 läßt der Verein eine Monatsschrift „Arbeitende Jugend" erscheinen, die seitdem zum Organ der mittlerweile gegründeten „Vereinigung der freien Jugendorganisationen Deutschlands" erhoben worden ist.

Aus den beiden genannten Zeitungen ergibt sich, daß in zahlreichen Orten Süd- und Norddeutschlands Vereine entstanden sind. Aus folgenden Städten mit über 20000 Einwohnern und solchen, die Mitglieder unseres Vereins sind, wird über das Bestehen sozialdemokratischer bzw. „freier" Jugendorganisationen berichtet: Dortmund, Eilenburg, Eschweiler (Zöglingsabteilung des Arbeiterturnvereins), Glauchau, Gmünd, Göppingen, Görlitz, Gotha, Guben (Arbeiterturnverein), Hamburg (3 sozialdemokratische Verbände, einer davon, der Jugendbund, mit 6—7 Abteilungen), Harburg, Jena (Junge Garde, tagt im Vereinshaus der sozialdemokratischen Partei), Königsberg (Turnerbund), Konstanz, Marburg, Mannheim (durch das neue Vereinsgesetz ist das Fortbestehen der sozialdemokratischen Jugendorganisation gehindert,; die Weiterführung der Vereinigung wird auf nichtpolitischer Grundlage erfolgen), Mülheim am Rhein, Mülheim an der Ruhr (Fachverein), Pankow, Reinickendorf (Abteilung des Berliner Vereins, etwa 15 Mitglieder), Schwiebus (Turnverein, Jugendabteilung) Solingen, Stolp (Lehrlingsabteilung im Baugewerbe), Wald (Rheinland) und Wittenberge[1]. Außerdem muß in Leipzig ein starker Verein bestehen. Von den freien Gewerkschaften hatte der Zentralverband der Handels- und Transportarbeiter eine Jugendorganisation gegründet, indem sie durch Festsetzung niedriger Beiträge auch den jungen Arbeitern den Beitritt zur Gewerkschaft ermöglichte (siehe Franck a. a. O. S. 31). Ebenso hat der Lithographen- und Steindruckerverband eine Jugend- und Lehrlingsabteilung gegründet, in der nach einer auf dem sechsten Gewerkschaftskongreß gemachten Mitteilung von 4500 Lehrlingen schon 2500 organisiert waren.

Als Gesamtmitgliederzahl der norddeutschen und süddeutschen Vereine wird in der Broschüre: Die internationale Organisation der sozialistischen Jugend, Leipzig 1907, 6800 angegeben, davon 4500 für Süddeutschland

---

[1] Nach einem in der Aprilnummer der „Arbeitenden Jugend" veröffentlichten Verzeichnis bestanden damals außerdem auch Vereine in Altenburg, Altona, Apolda, Dresden, Elberfeld-Barmen, Erfurt, Essen, Hannover-Linden, Höchst, Kiel, Köln, Lüneburg, Magdeburg, Neumünster, Nürnberg, Potsdam, Rostock, Wandsbeck. Vielleicht erklärt sich der Widerspruch dadurch, daß diese Vereine noch so neu und unbedeutend waren, daß sie noch nicht zur Kenntnis der Armenverwaltungen, die unsere Fragebogen ausgefüllt haben, gelangten. Der Dortmunder Verein z. B. ist seit 1907 schon einmal gegründet, wieder eingegangen und 1908 neu gegründet worden. Er hat noch nie mehr als 30 Mitglieder gehabt.

und 2300 für Norddeutschland. Von den süddeutschen Mitgliedern waren 1737 unter 18 Jahren, 2628 unter 20 Jahren. Auf dem sechsten Kongreß der Gewerkschaften Deutschlands 1908 wird die Gesamtmitgliederzahl der Jugendbewegung auf höchstens 10 000 geschätzt.

Die sozialdemokratische Partei hat sich im Jahre 1906 in Mannheim mit der Frage: Sozialdemokratie und Volkserziehung beschäftigt, ohne jedoch damals über die von Schulz und Zetkin vorgeschlagenen Resolutionen zur Beschlußfassung zu schreiten.

Im Jahre 1907 hat in Stuttgart die erste internationale Konferenz der sozialistischen Jugendorganisationen getagt, aus deren Beschlüssen wir hier zwei folgen lassen:

Nr. 3:

„Die sozialistische Erziehung der Jugend geschieht am besten in eigenen Organisationen. Jedoch muß womöglich ein organischer Zusammenhang, wo dieser nicht möglich ist, wenigstens ein geistiges Band zwischen ihnen und der klassenbewußten Arbeiterbewegung bestehen":

und Nr. 6:

„Die Mittel, deren sich die jungen Arbeiter zur Erfüllung ihrer Aufgabe unter anderen bedienen können, sind:

a) die Veranstaltung von Vorträgen und Unterrichtskursen;
b) die Herausgabe von Zeitungen und Schriften;
c) die Bildung von Vereins- und Wanderbibliotheken;
d) gemeinsame Ausflüge und Besichtigungen;
e) Leibesübungen und Bewegungsspiele;
f) die Teilnahme an Petitionen und Demonstrationen;
g) die Bildung von Studienzirkeln;
h) die Veranstaltung von künstlerischen und literarischen Unterhaltungsabenden.

(Die gesamten Beschlüsse siehe in dem gedruckten Bericht [bei Paul Singer, Stuttgart 1907]).

Im Jahre 1908 aber stand die Organisation zur Erziehung der Jugend auf der Tagesordnung des sechsten Kongresses der Gewerkschaften Deutschlands, der in Hamburg vom 22. bis zum 27. Juni tagte.

In einem Aufsatz „zum Gewerkschaftskongreß in Hamburg", den Legien, der Vorsitzende der Generalkommission, vorher in den Sozialistischen Monatsheften (1908, 12. Heft vom 11. Juni 1908) geschrieben hat, berichtet er, daß zu jener Frage bereits vor dem neuen Reichsvereinsgesetz eine Konferenz von Vertretern der Vorstände der Zentralverbände Stellung genommen habe und daß dabei zutage getreten sei, daß in gewerkschaftlichen Kreisen allgemein die Ansicht vorherrschend sei, daß die in den letzten Jahren geschaffene Jugendorganisation ein verfehltes Unternehmen sei. Die eigene Ansicht Legiens lassen wir in seinen eigenen Worten hier folgen:

„Gewiß muß von der Arbeiterschaft, sowohl der gewerkschaftlich, wie der politisch organisierten, auf die Erziehung der Jugend eingewirkt werden, zumal die christlichen und liberalen Parteien ihren Einfluß auf diese geltend zu machen suchen, um sie von der modernen Arbeiterbewegung fernzuhalten. Hierzu bedarf es aber nicht besonderer Vereinigungen der Jugendlichen, die ohne genügenden Einfluß Erwachsener leicht auf Wege geraten, die nicht zur Heranbildung der Jugendlichen zu tätigen Mitgliedern der Arbeiterorganisationen führen. Der Jugend muß die Jugendzeit erhalten bleiben. Man soll nicht zu frühzeitig ihr Hirn mit schwierigen sozialen oder politischen Fragen beschäftigen, sondern die körperliche Entwicklung fördern und in Verbindung damit den Geist zu beeinflussen suchen.

In einem gesunden Körper eine gesunde Seele: das muß der leitende Gedanke bei Erziehung der jugendlichen Arbeiter und Arbeiterinnen sein. Darum müssen Einrichtungen geschaffen werden, in denen geeignete erwachsene Personen unter Anteilnahme einer Vertretung der Jugendlichen in dieser Weise wirken, aber eine selbständige Organisation der Jugendlichen erweist sich nicht als zweckmäßig."

Zu demselben Resultat kommt der für den Kongreß bestimmte Referent Robert Schmidt in einem Aufsatz „Jugendbildung" in demselben Heft der Sozialistischen Monatshefte. Von ihm erfahren wir auch des näheren, daß dieses Resultat in einer **gemeinsamen** Beratung des sozialdemokratischen Parteivorstandes mit der Generalkommission der Gewerkschaften erzielt worden ist, erfahren ferner, daß man an **selbständigen** Jugendorganisationen zu tadeln hat, daß sie wegen des ständigen Wechsels der Mitglieder zu keiner stabilen Vereinsführung kommen könnten, daß sie wegen des geringen Verdienstes der Lehrlinge finanzielle Not leiden müßten und daß sie dazu neigten, Gebiete zu betreten, die der Partei und den Gewerkschaften vorzubehalten seien. Die Aufnahme Jugendlicher in die Parteiorganisation sei nach dem neuen Vereinsgesetz verboten, die Aufnahme in die Gewerkschaften empfehle sich nur bei ungelernten Jugendlichen, da die Lehrlinge durch ihren Vertrag von der Lohnbewegung ausgeschlossen seien; es bleibe daher nur der Weg übrig, der auch von Legien gezeigt wird. Schmidt schreibt den aus Vertretern der Partei, der Gewerkschaften und der Jugendlichen zu bildenden, von Erwachsenen zu leitenden Kommissionen diesen Weg noch näher vor.

„Es wäre", sagt er, „z. B. so zu verfahren, daß im Winter regelmäßig am Sonnabend oder Sonntag öffentliche Vorträge veranstaltet werden, die dem Ideenkreise der Jugend angepaßt sind; die Vorträge können abwechselnd aus den verschiedensten Gebieten der Wissenschaft gewählt werden, können eine Vorbereitung sein, um die jungen Menschen später leichter in die Politik einzuführen, wozu ja eigentlich eine gute allgemeine Bildung Voraussetzung ist. Neben diesen Versammlungen können dann für Personen über 18 Jahre Vortragszyklen arrangiert werden, die politische Themata behandeln. Man wird unter geeigneter Führung Museen besuchen, Unterhaltungsabende veranstalten, um sowohl den Sinn für das Ernste als auch für eine heitere, fröhliche Jugendlust wachzurufen. Im Sommer können auch gemeinsame Ausflüge unternommen werden und Spiel und Sport mehr zur Geltung kommen."

Schmidt sieht als Schwierigkeiten in der Durchführung dieses Programms das Beschaffen dazu befähigter Personen und die Aufbringung der Mittel voraus, hofft aber, daß sie überwunden werden, „damit man sich Scharen zuverlässiger, aufgeklärter Streiter erziehe".

In der sozialdemokratischen Parteipresse hatten sich zwar noch vor dem Gewerkschaftskongreß Stimmen dafür erhoben, die besonderen Jugendorganisationen bestehen zu lassen und nicht an ihre Stelle etwas zu setzen, an dem „jeder freisinnige Turnlehrer seine herzliche Freude haben könnte"; auch hatte die Leipziger Jugendorganisation an den Kongreß eine Eingabe gerichtet, die folgendermaßen lautet:

„Die Vorstände der Leipziger Jugendorganisationen, die mehr als 1100 Mitglieder vertreten, und der Vorstand des Leipziger Arbeiterbildungsinstituts erklären, daß sie die Ausführungen der Genossen Legien und Schmidt aufs schärfste zurückweisen müssen. Vor allem erblicken sie in der Selbständigkeit der Jugendorganisationen, an deren Spitze alte, erfahrene Genossen stehen, eine unbedingte Notwendigkeit.

Fürsorge für die normale, volksschulentlassene, männliche, städtische Jugend. 29

Bei der kurzen Existenz der bisherigen Organisationen ist es ein übereiltes Urteil, wenn gesagt wird, die Jugendorganisationen seien in ihrer bisherigen Form ein verfehltes Unternehmen, ganz abgesehen davon, daß diese Behauptung mit den Ergebnissen der Jugendorganisationen in Leipzig, Hamburg und in anderen Orten in Widerspruch steht.

Die Jugendorganisation als solche kann nicht ausschließlich Sache der Gewerkschaften sein, da dadurch die Organisation wie die Kräfte vollständig zersplittert würden. Gegenüber dem Verlangen unserer Gegner, schon in der Volksschule, insbesondere in den Fortbildungsschulen und den höheren Schulen, in verfälschendem Sinne Unterrichtsfächer über das innere Wesen des Staates und der Wohltaten für die Arbeiterklasse einzuführen, ist es Pflicht der Arbeiterbewegung, die arbeitende Jugend möglichst früh über ihre Lage aufzuklären. Um dieses Ziel zu erreichen, ist es nötig, überall mit Unterstützung von Partei und Gewerkschaft Jugendorganisationen ins Leben zu rufen, um so tüchtige Rekruten für die Arbeiterschaft heranzubilden.

Wir hoffen daher, daß der Gewerkschaftskongreß zu Hamburg die Selbständigkeit der Jugendorganisationen nicht antastet, sondern im Gegenteil ihnen seine Unterstützung angedeihen läßt."

Der Kongreß hat aber auf Grund des Schmidtschen Referats gegen eine Stimme die von Schmidt vorgelegte Resolution angenommen, die nach dem Vorwärts, 25. Jahrg., Nr. 149 folgenden Wortlaut hat:

„Der Kongreß hält die Forderung der Bildungsbestrebungen der jugendlichen Arbeiter und Arbeiterinnen, insbesondere die Einführung in die politische und gewerkschaftliche Tätigkeit, für eine wichtige Aufgabe im Emanzipationskampfe der Arbeiterklasse. Diese Aufgabe wird erreicht werden durch die Veranstaltung guter Vorträge, die der Erkenntnis der Jugend angepaßt sind und vor allem die Gebiete der Naturwissenschaft, Gesundheitspflege, Literatur, Kunst, Technik, Rechtswissenschaft, Volkswirtschaft, Geschichte, Politik und gewerkschaftliche Tätigkeit umfassen. Daneben wird durch Veranstaltungen ernsten und auch heiteren Inhalts Unterhaltung und Geselligkeit gepflegt werden können, sowie für Sport und Spiel in den Grenzen die Betätigung zu erwarten sein, daß die Teilnahme hieran nicht zu einer Übertreibung, zu einer Sportferei ausartet.

„**Für diese Zwecke erscheint die Bildung einer besonderen Jugendorganisation nicht erforderlich**, vielmehr werden die Gewerkschaften für ihre jungen Mitglieder und Berufsangehörigen in besonderen Veranstaltungen die Bildung und Erziehung der Jugend im Sinne dieses Programms fördern.

„Die Teilnahme an den Vorträgen und, soweit es möglich ist, auch an den anderen Veranstaltungen soll den jugendlichen Arbeitern unentgeltlich gewährt werden. Die Arrangements sind in den einzelnen Orten einer Kommission zu übertragen, die von dem Gewerkschaftskartell und der Parteiorganisation unter Hinzuziehung einiger Vertreter der jugendlichen Arbeiter und Arbeiterinnen gebildet wird.

„Die wirtschaftliche Interessenvertretung und die Entscheidung über politische Parteifragen bleibt nach wie vor lediglich Aufgabe der gewerkschaftlichen bzw. politischen Organisationen."

Aus dem mündlichen Referat Schmidts seien die Worte hierher gesetzt: „Ohne Verein muß die Jugend zur freien körperlichen Betätigung, zu Spiel und Sport herausgeholt werden aus der Werkstatt und vor allem aus der Kneipe."

Im Herbst 1908 wird sich der sozialdemokratische Parteitag mit der Frage der Jugendorganisation beschäftigen. Wenn er ebenso votiert wie der Gewerkschaftskongreß, dann werden wohl nicht nur die süddeutschen Vereine, denen als politischen der Lebensfaden durch das neue Vereinsgesetz abgeschnitten ist, sondern auch die norddeutschen zu bestehen aufhören; es müßte denn sein, daß die sich gegen die staatliche Ordnung aufbäumende Jugend auch gegen die Parteiordnung Front zu machen Lust und Kraft in sich verspürt[1]. Die Fürsorge der erwachsenen Sozialdemokraten für die Jugend und damit der Kampf um diese wird dann aber erst recht beginnen.

Wir wollen die bisherige sozialdemokratische Jugendorganisation nicht verlassen, ohne noch einige Urteile wiederzugeben, die sie und die früher besprochenen Fürsorgerichtungen gegenseitig übereinander fällen. In den B. K. J. 1907/08, Bd. 5 findet sich ein Aufsatz von Dr. Wohlmannstetter „Die roten Lehrlinge und wir", in dem das Urteil des Vorsitzenden eines evangelischen Jünglingsvereins über die Berliner sozialdemokratischen Jugendvereine wiedergegeben und gutgeheißen wird. Der evangelische Beurteiler Paul Le Seur schildert im „Reich" (1907, Nr. 154 II. Ausgabe) die Mitglieder dieser Vereine als „gesittet in ihrem Benehmen, offen und zielbewußt"; er hat sie in seine eigenen Vereine eingeladen und hier erlebt, daß sie nicht nur ein brennendes Interesse an den Fragen der Weltanschauung und Religion bewiesen, sondern auch ihre Ansichten gewandt und mit größtem Eifer zu vertreten wußten. Er hat sie in ihrer eigenen Sitzung besucht und festgestellt, daß sie in streng parlamentarischen Formen verlief, daß das Rauchen in dem Sitzungslokale, als einer gesund zu haltenden Arbeitsstätte verboten und jedes Mitglied bringend aufgefordert wurde, den Alkohol zu meiden; durch den Biergenuß werde die Fähigkeit, sich durch Vorträge belehren zu lassen, herabgesetzt und durch das Vertrinken des Lohns durch die Männer werde in den Arbeiterfrauen ein Haß gegen die Arbeiterbewegung hervorgebracht.

Aus eigener Anschauung berichtet ferner Roese über das Leben in den Berliner „freien Jugendorganisationen" in „Evangelisch Sozial" 1908, Nr. 1, S. 27 ff. Er tadelt an ihnen ihren übermäßigen Selbständigkeitsdrang, ferner das Voranstellen der wirtschaftlichen Interessen und den Mangel an gebildeten Männern und Frauen, die imstande wären, eine über die erste agitatorische Aufklärung hinausgehende Bildung zu vermitteln, erkennt aber auch an, daß bei einzelnen der Jugendlichen Bildungshunger und erstaunlich ernstes Vorwärtsstreben vorhanden ist, daß Ansatzpunkte echter Erkenntnis immer wieder hervorschimmern und teilt mit, daß er zu der freien Organisation ein friedlich freudiges Verhältnis gewahrt und dabei stets freundliches Entgegenkommen gefunden habe.

Und der Pfarrer Frasch-Heilbronn, der, wie wir sahen, auf der 44. Jahresversammlung der Südwestdeutschen Konferenz für innere Mission in Freiburg am 22. Juni d. J. einen Vortrag über „den Kampf um die Jugend" gehalten hat, kommt in seinen Leitsätzen bei der Besprechung der sozialdemokratischen Jugendorganisationen dazu:

„a) anzuerkennen einen zweifellos vorhandenen starken Einschlag von ethischem Idealismus und den Eifer persönlicher Agitation von Mann zu Mann;

b) zu beklagen die materialistische Welt- und Lebensanschauung (z. B.

---

[1] Nach einem in Nr. 6 der „Arbeitenden Jugend" (1. Juni 1908) erschienenen Artikel: „Freiwilliger Verzicht aufs Koalitionsrecht — Wert und Notwendigkeit einer selbständigen Jugendbewegung" scheint bisher diese Lust zu bestehen.

Bildung = Marx und Häckel) und die Hineinzerrung schon der Jugend in die Verbitterung des Klassenkampfs[1]."

Den „frei organisierten jungen Arbeitern" aber umgekehrt sind alle anderen Jugendvereine ein Greuel.

Über die christlichen Jünglings= und Jungfrauenvereinen zitiert Peters in seiner genannten Broschüre (S. 31) zunächst einen Leiter des Lichterfelder Jünglingsvereins, der gesagt habe:

„Trotzdem die christlichen Jünglingsvereine 50 Jahre lang das Monopol auf die Jugend hatten, haben sie für die Verbesserung der Lage der arbeitenden Jugend rein nichts getan."

Sodann fährt Peters selbst fort:

„Das also sind keine Vereine für uns, für die Jugend, die sich helfen will. Alte Männervereine würden sie richtiger heißen, in denen die Geistlichen das große Wort führen und die Jugend sich diesem großen Worte fügen muß, selbst nichts sagen darf, denn sie wird da ganz am Gängelbande geleitet. Die christlichen Jünglings= und Jungfrauenvereine schädigen damit nur die Interessen der arbeitenden Jugend. Sie rauben ihr nicht nur die Zeit, um über die Verbesserung ihrer Lage und ihrer geistigen Ausbildung nachzudenken, sondern sie unterdrücken alle frischen Regungen der Jugend. Sie wirken durch ihre trockenen nüchternen Aufgaben lähmend und nachteilig auf die Jugend ein. Diese christlichen Jünglings= und Jungfrauenvereine lullen die arbeitende Jugend nur ein, um sie über ihre traurige Lage hinwegzutäuschen, halten die Jugend fern von der modernen Wissenschaft, scheiden die Jugend ab vom öffentlichen Leben, ersticken den noch vorhandenen Feuergeist der Jugend zu Duckmäusern, Schwächlingen, Kopfhängern, die sich ohne Murren knechten lassen. Darum sind diese Vereine die Gegner der unterdrückten arbeitenden Jugend, üben Verrat an dieser."

Über „Jugendklubs" dagegen schreibt die „Arbeitende Jugend", I. Jahrgang Nr. 11:

„Das ist die neuste Firma, mit der gewisse ‚Jugendfreunde' die Jugend zu ködern gedenken. Die sattsam bekannten ‚christlichen' Jünglings= und Jungfrauenvereine in größeren Städten Deutschlands genießen durch ihre jahrzehntelange Tätigkeit einen solchen Ruf, daß die ‚christlichen Jünglingsvereinler' oft sich ihrer Mitgliedschaft in jenen jugendlichen Vereinen schämen. Diese sind also eine vollständig unbrauchbare Einrichtung, der freien Jugendbewegung Abbruch zu tun. So mußten denn andere Lockmittel versucht werden. Als solche sind die sogenannten neutralen Jugendklubs aufzufassen. Politisch und religiös neutral sollen die Jugendklubs sein, verkünden pathetisch ihre Leiter. Doch genau betrachtet, haben sie keinen andern Zweck, als den, die arbeitende Jugend über ihre traurige Lage hinwegzutäuschen. Schon das rein Äußerliche charakterisiert die netten Einrichtungen. Sie werden zumeist unterstützt von Unternehmern, auch führen nicht selten Pastoren sogenannter liberaler Richtung das große Wort. Abgesehen davon, haben wir alle Ursache, die Vereine aufs schärfste zu bekämpfen. Schon allein deshalb, weil sie die Jugendbewegung zersplittern. Wer aber weiß, wie schlecht es der Jugend geht, der muß ein Interesse daran haben, daß die ganze Jugend Deutschlands sich zusammenschließt zu einer einheitlichen Organisation. Denn nur eine solche geeinte Organisation der gesamten Jugend ist imstande, dieser zu ihrem Rechte zu verhelfen. Trotz aller schönen Worte sind die Leute, die die Jugendklubs gründen und leiten und somit einen Keil in die Jugendbewegung treiben, Feinde der arbeitenden Jugend. Möchte sie vor jenen Wölfen im Schafskleide sich hüten."

---

[1] Verurteilt wird die sozialdemokratische Jugendbewegung von Marr in „Evangelisch Sozial" 1908 Nr. 3; einen zurückhaltenden Standpunkt nimmt ihr gegenüber Volter ein (Evangelische Freiheit 1908 Nr. 6).

Aussichten der bisher besprochenen Fürsorgebestrebungen und ihr Wert für die vorbeugende Armenpflege.

Wenn wir im vorstehenden kurz die hauptsächlichsten Bestrebungen beschrieben haben, die seit der X. Konferenz der Zentralstelle für Arbeiter-Wohlfahrtseinrichtungen im Jahre 1901 und zum Teil auf dem von ihr vorgezeichneten Grunde zu den damals bereits wirksamen hinzugekommen sind, um mit ihnen um die Wette in erster Linie an den Seelen der schulentlassenen normalen männlichen Jugend zu arbeiten, so dürfen wir wohl als einen durch all dieses Neue und erneuerte Alte hindurchgehenden Zug feststellen, daß man — von der Einsicht ausgehend, die heranwachsende Jugend sei für rein oder vorwiegend seelische Beeinflussung und Leitung nur zu einem kleinen Teile empfänglich —, mehr und mehr dazu kommt, der Jugend- und zwar vielfach eingestandnermaßen zu dem Zwecke, um sie erst einmal zu erfassen — auch auf nicht rein seelischem Gebiete eine Fürsorge angedeihen zu lassen, von der man glaubt, daß sie einem größeren Teile der Jugend angenehm sein werde.

Wir haben gesehen, daß man, um die Jugend für sich zu gewinnen, darin wetteifert, ihr Unterhaltung zu bieten, daß man den Schein, als wolle man sie schulmeistern, mit aller Macht zu vermeiden sucht, daß man Kirche, Religion und Politik, zu denen man doch die Jugend jenachdem hinführen will, zurücktreten und daß man der Jugend eine möglichst große Selbständigkeit in der Besorgung ihrer Angelegenheiten lassen will. Nur in dieser letzten Hinsicht macht die neueste sozialistische Kundgebung eine Ausnahme. Sie will im Gegenteil die ihr zu selbständig vorgegangene Jugend mehr unter die Zucht der Erwachsenen zurückrufen; ob es gelingen wird, muß die Zukunft lehren; die Erfahrungen der konfessionellen Vereine sprechen eigentlich dagegen; immerhin ist anzunehmen, daß ein großer Teil der Jugend, die sich so gern aufbäumt und so ungern duckt, den sozialistischen Jugenderziehern, wenn denn deren genug mit der nötigen Wissenschaft, der nötigen Erziehungskunst und der nötigem Persönlichkeit begabt, auftreten werden, und wenn man sie gewähren läßt, noch eher anhängt, als anderen, weil jene, wenn sie auch selbst Unterordnung verlangen sollten, doch mit der Jugend gegen so vieles Sturm laufen werden, daß der Drang der Jugend, zu stürmen, bei ihnen am ehesten Befriedigung finden wird.

Ob die Schultz-Claßenschen Bestrebungen dazu führen werden, einen großen Teil der öfters besprochenen Lücke auszufüllen? Es erscheint uns doch nicht sicher. Denn auf der einen Seite will es uns bedünken, als wenn der Jugend, soweit sie überhaupt für „heilige" Sachen (siehe die oben angeführte Äußerung eines Hamburger Lehrlings) Interesse hat, näher läge, dann auch ganz heilig zu sein; auf der anderen Seite wird es wohl auf lange hinaus noch schwierig bleiben, den nicht religiös interessierten Jünglingen klar zu machen, was auch auf dem sächsischen Städtetage nicht ohne weiteres einleuchtete, daß diese Vereine, die doch bisher fast alle von Geistlichen geleitet werden, sich von den christlichen Jünglingsvereinen wesentlich unterscheiden. Daß aber andere Berufsstände — außer Geistlichen und

Lehrern — sich derartig in den Dienst der Jugend stellen, wie es in Hamburg im Volksheim geschieht, das wird nach den bisherigen Erfahrungen im weiten deutschen Vaterland noch gute Weile haben; und außer dem guten Willen gehört auch eine seltene Gabe der Persönlichkeit dazu, um solchem Dienste gerecht zu werden. Immerhin werden manche Tausende junger Menschen, die sich von den Jünglingsvereinen abgestoßen fühlen, wenn sie solche Seelsorger und Einsegner finden, wie Schultz oder den katholischen rheinischen Landpfarrer, von dem wir berichten konnten, von solchen Männern an Leib und Seele bewahrt und gefördert werden, und daß mehr und mehr solcher Seelsorger erstehen, dazu werden die Bestrebungen der Vereinigung der Helfer und Freunde der Jugendarbeit erheblich mitwirken.

Wir glauben auch, das es dem Verband und den Vereinen katholischer Jugendfreunde gelingen wird, den katholischen Jugendvereinen einen nicht unerheblichen Zuzug zu verschaffen, und zwar um so mehr Zuzug, je mehr die gebildeten Laien dazu beitragen werden, diesen Vereinen den rein kirchlichen Nimbus zu nehmen. Ein großer Teil der Jugendlichen aber wird sich auch dann noch der Einwirkung dieser Vereine entziehen. Das wird auch von Honnef in seinem mehr erwähnten Werke anerkannt. Denn obwohl er alle möglichen ferneren Mittel in Anwendung gebracht sehen will, um den konfessionellen Jugendvereinen Rekruten zuzuführen, als da sind Empfehlung bei der Schulentlassung von der Kanzel, durch Handwerkskammern und Innungen, Vergünstigungen bei den städtischen Sparkassen und Bevorzugung bei den öffentlichen Stellenvermittelungsbureaus! (S. 168), so kommt doch auch er zu dem Schluß, daß die Pfarrjugendvereine in ihrer jetzigen Gestalt und Form kein Ideal seien (S. 247), daß vielmehr in Zukunft alle Jugendfürsorgebestrebungen auf der Fortbildungsschule aufbauen, von ihr ausgehen mit ihr zusammenarbeiten müssen, weil die Fortbildungsschule, vollständig ausgebaut, die schulentlassene männliche Jugend bis zum 18. Jahre in der Gesamtheit umschließt, also die einzige Institution ist, welche jene für eine dauernde Einwirkung präsent hält (S. 219).

Wir werden alsbald auf die Fortbildungsschule als Zentrum von Jugendfürsorgebestrebungen näher einzugehen haben. Wenn wir eine Kritik der verschiedenen Arten von Vereinen, die wir bisher besprochen hatte, vom Standpunkt der vorbeugenden Armenpflege aus abgeben sollen — und religiöse und politische Richtungen zu kritisieren, gehört nicht zu den Aufgaben unserer Vereins —, so müssen wir sagen, daß wir sie alle als geeignete Maßnahmen betrachten müssen, um die schulentlassene Jugend vor der Gefahr der Verarmung auf diesem oder jenem Gebiete zu schützen. Wer dazu beitragen will und kann, die Jugend in ihrer freien Zeit aus den Wirtshäusern und Tanzlokalen herauszubringen und von den Straßen der Großstadt zu entfernen, der treibt vorbeugende Armenpflege; denn er bewahrt vor Krankheit und Siechtum; wer die Jugend vor dem übermäßigen Alkoholgenuß warnt, der ist ein vorbeugender Armenpfleger, besonders ist es aber der — denn er tut dasselbe, was jene tun und noch etwas dazu —, der in der Jugend Lust und Liebe zu gesunder körperlicher Bewegung und Übung — tunlichst in frischer Luft erweckt: diese Arbeit ist auch Arbeit an der Seele, denn das Spiel und das Turnen erzieht zu Mut, Entschlossenheit, Disziplin und Kameradschaft. Für uns als Armenpfleger ist sie aber von ganz besondrer Wichtigkeit — weil sie den Körper stählt. — Nun, wir haben ja gesehen, daß, wenn auch mehr oder weniger, doch von allen Fürsorgebestrebungen, die wir bisher kennen lernten, dieser Seite der Jugendfürsorge ein ganz erheblicher Wert beigelegt wird.

Die Fortbildungsschule als Zentrum der Fürsorge.

Wenden wir uns nun zu der Fortbildungsschule, als einem Zentrum der Fürsorge für die schulentlassene Jugend, so sahen wir schon, daß Honnef sie als solche betrachtet, weil sie allein in der Lage ist, die gesamte Jugend zu erfassen. Das ist sie natürlich nur, wenn sie obligatorisch ist; wenn sie das nicht ist, dann werden ebenso ihr wie den oben beschriebenen Vereinen, die meisten Jugendlichen fern bleiben. Wir können aber hier auf die Frage, ob die Fortbildungsschule auch in Preußen wie in den meisten anderen größeren deutschen Staaten obligatorisch zu machen sei, nicht näher eingehen, da ein zu großer Teil der Gründe dafür oder dawider auf gewerblichem und unterrichtlichem Gebiete liegt, die beide zu betreten, wir tunlichst vermeiden wollen. Diese Frage steht auch wohl nicht mehr so offen wie vordem, da die obligatorische Fortbildungsschule in Theorie und Praxis immer mehr an Boden gewinnt und da die preußische Regierung dem Vernehmen nach demnächst einen Gesetzentwurf vorlegen will, durch den die Fortbildungsschule für alle Städte mit mehr als 10000 Einwohnern obligatorisch gemacht werden werden soll [1]. Vielleicht hat es aber noch in diesem Stadium Interesse, einige Äußerungen und Willenskundgebungen zusammenzustellen, die in den letzten Jahren vom sozialen und sozial-pädagogischem Standpunkte aus über diese Frage getan und ergangen sind. Die Resolution des Evangelisch-sozialen Kongresses von 1900, die ein bevorzugtes Mittel zur Hebung der Entfremdung der schulentlassenen männlichen Volksjugend gegenüber dem religiösen und nationalen Gemeinschaftsleben in den den Kirchengemeinden möglichst eng anzugliedernden Jünglingsvereinen und in der obligatorischen, der Jugend das Bewußtsein des Schülerstandes erhaltenden Fortbildungsschule erblickt, haben wir bereits erwähnt.

Zu der mehrerwähnten IX. Konferenz der Zentralstelle von 1900 hatte Direktor Dr. Pache in Leipzig das Referat über Fortbildungs- und Fachschulen übernommen; er sagt darin unter anderm (Schriften der Z., Nr. 19, S. 141):

„Die vorwärts geschrittene und sich immer weiter entwickelnde Erwerbstätigkeit unserer Nation verlangt gebieterisch, daß dem ganzen Volke ein größeres Maß von Geistesfrüchten erhalten, daß die Urteilskraft in höherem Grade geübt, daß also die

---

[1] Eine Übersicht über den Stand des Fortbildungsschulwesens in Preußen findet sich in den Beilagen des Ministerialblattes der Handels- und Gewerbeverwaltung zu Nr. 10 vom 6. Mai 1908 und eine ausführliche Besprechung dieser Übersicht in Nr. 39 des XVII. Jahrgangs der „Sozialen Praxis" S. 1041 u. 1042.

Danach kamen am 1. Dezember 1907 auf 100 Fortbildungsschulen 93 obligatorische und 7 fakultative gegen 85 obligatorische und 15 fakultative am 1. Dezember 1903.

Kultur der Nation in allen ihren Teilen gehoben wird. Will man dieses Ziel erreichen, so muß dafür Sorge getragen werden, daß alle jungen Glieder des Volkes nach ihrer Entlassung aus der Volksschule an ihrer Weiterbildung arbeiten. Diejenigen Elemente, welche für die geistigen Güter kein Interesse haben, kommen freiwillig nicht. Darum ist der Zwang nötig. Wer die Bildung der großen Masse in Übereinstimmung mit den Forderungen des Staates und des modernen Erwerbs zu bringen gedenkt, der darf auch nicht vor dem Mittel zurückschrecken, durch dessen Anwendung allein das Ziel erreicht werden kann; er muß die Fortbildungsschule mit Zwangsbesuch verlangen."

Das tut denn Pache auch in seiner These 1:

"In jedem Schulorte ist eine obligatorische Fortbildungsschule zu errichten, welche wenigstens für die Knaben einen vierjährigen Kursus mit 6—8 Wochenstunden hat."

Andreas Voigt aber, der damalige Generalberichterstatter, der sich ganz auf Paches Seite stellt, hebt als für ihn genügenden und durchschlagenden Grund für den Fortbildungsschulzwang hervor, daß es gar kein anderes Mittel gibt, um die gesamte Jugend nach der Schulentlassung zusammen zu halten. (S. 344):

"Hat sie schon eine Zeitlang die edle Freiheit genossen, dann ist sie vielfach für immer dem Einflusse der Jugendfürsorge verloren. Nur in statu nascendi lassen viele Verbindungen sich herstellen, lehrt uns schon die Chemie. ... Darum müssen wir einen Ort haben, wo wir die ganze Jugend beisammen finden, und wo sie gleich von der Schule aufgenommen und einige Jahre festgehalten wird. Dieser Ort kann aber nur die Fortbildungsschule sein. Ich meine, wenn diese gar keinen anderen Zweck hätte, als diesen, die Jugend zu sammeln und für unsere nicht bloß einmalige, sondern dauernde Einwirkung präsent zu halten, dieser eine Zweck genügte, um die allgemeine obligatorische Fortbildungsschule einzuführen."

Dieser Äußerung Voigts lassen wir den Beschluß des III. allgemeinen preußischen Städtetages von 1901 in Berlin folgen, der lautet:

"Bei den gegenwärtigen volkswirtschaftlichen und sozialen Verhältnissen ist die gewerbliche Zwangsfortbildungsschule die wichtigste und wertvollste Veranstaltung für die schulentlassene Jugend, und ist deren Einrichtung den Gemeinden bringend zu empfehlen."

Dem reihe sich eine Resolution an, die von der ersten internationalen Konferenz der sozialistischen Jugendorganisationen in Stuttgart 1907 gefaßt wurde; die Konferenz ersucht ... die sozialistischen Fraktionen, daß sie in den gesetzgebenden Körperschaften folgende Forderungen vertreten:

6. Einführung des obligatorischen Fortbildungsunterrichts für alle in Handel, Verkehr, Industrie, Landwirtschaft und in den sogenannten freien Berufen beschäftigten Arbeiter bis zum vollendeten 18. Lebensjahre.

Ihr folge eine Äußerung Bornewassers in Nr. 5 der B. K. J.: "doch wird der Verband auch auf anderen Gebieten aufzuklären und zu fördern suchen. Wie weit sind wir noch von der allgemeinen Fortbildungsschule entfernt? Wird es nicht jahrelanger Arbeit bedürfen, um deren Notwendigkeit bis in die kleinsten Gemeinden zu bringen."

Und die Resolution einer unter dem Vorsitz des Abg. von Schenckendorff am 22./23. Februar 1908 zusammengetretenen Konferenz von Vertretern der deutschen Turnerschaft, des Zentralausschusses für Volks- und Jugendspiele und des deutschen Turnlehrervereins mache den Schluß:

"Das einzige Mittel, alle Angehörigen dieser (nachschulpflichtigen) Altersstufen in die körperliche Ausbildung einzubeziehen, ist die Durchführung der Pflichtfortbildungsschule für alle Knaben und Mädchen des 14. bis mindestens des 17. Lebensjahrs und die Einfügung körperlicher Übungen in den Erziehungsplan dieser Schule."

Wenn die preußische Regierung die oben erwähnte Gesetzesvorlage macht, so wird sie sich also darauf berufen können, daß diese Vorlage einem vielseitigen Verlangen entspreche; wir meinen, auch der Deutsche Verein für Armenpflege und Wohltätigkeit könne ihr freudig zu diesem Schritte raten.

Nun kommt es für uns allerdings auch bei der Fortbildungsschule wiederum darauf an, wie sie für die Jugendfürsorge nutzbar zu machen sei und wir müßten auch hier wieder die Frage, inwieweit die Fortbildungsschule sich mit Bürgerkunde und mit Religion befassen soll, als zu weit von Armenpflege und Wohltätigkeit abliegend, ausscheiden. Wir möchten nur vermuten, daß die deutschen Staaten, nachdem von den verschiedensten Seiten beschlossen und daran gegangen wird, die Jugend über soziale und wirtschaftliche Dinge aufzuklären und zu belehren, auf jeden Fall für sich das Recht in Anspruch nehmen und ausüben werden, diese Aufklärung und Belehrung von sich aus in der Fortbildungsschule zu erteilen. Die Kunst wird darin bestehen, daß dieser Unterricht so erteilt wird, daß er sich von jedem Parteistandpunkt fern hält und jede parteiische Belehrung der Jugend, solange sie noch die Schule besucht, überflüssig macht und verdrängt. Daß eine unmittelbare oder mittelbare staatliche Veranstaltung sich bei uns in Deutschland von jedem Parteistandpunkt fernzuhalten imstande sein wird, das wird manchmal auch von sozialistischer Seite, wenn auch nicht absichtlich, zugegeben. So sagt Karl Liebknecht auf der ersten internationalen Konferenz der sozialistischen Jugendorganisationen (Bericht S. 29):

"Wir pflegen zu sagen, die Regierung sei ein Ausschuß der herrschenden Klassen. Das trifft so schlechthin nicht überall zu. Die Regierungsgewalt selbst hat sich vielfach in beträchtlichem Umfange verselbständigt, sich eine eigene ökonomische Grundlage geschaffen, ein großes Beamtenheer und andere Kostgänger in seine unmittelbare ökonomische Abhängigkeit gebracht und sich schon durch das Recht zur mehr oder minder weitgehenden Disposition über das bereite Machtmittel des Staates einen besonders charakteristischen Einfluß gesichert. Abgesehen von den rein demokratischen Ländern bildet die Regierung daher, und zwar besonders in alten, festfundierten Monarchien, gewissermaßen eine Klasse für sich selbst."

Nun, man lasse nur "diese Klasse für sich selbst" den jungen Arbeitern den allseitig gewünschten staatsbürgerlichen Unterricht erteilen.

Man schaffe scharfe, wenn man will, auch von den Vertretern der Arbeiter, etwa von Gesellenausschüssen, Arbeits- oder Arbeiterkammern, mit auszuübende Kontrolle darüber, daß jeder parteiische Unterricht unterbleibt, aber man unterlasse es dann, und man lasse es von der Regierung aus nicht zu, daß außerdem noch die politischen Parteien direkt oder indirekt ihrerseits die Fortbildungsschüler unterrichten; schon vom Standpunkt der Körperpflege aus müßten wir eine solche fernere Schulbank verurteilen. Wohin sollte es gar führen, wenn nun ein strebsamer Schüler auf die Idee käme, die unentgeltlichen Vorlesungen sämtlicher politischer Parteien zu belegen? Und das wäre für einen so jungen Menschen, wenn er sich schon politisch entscheiden sollte, doch eigentlich das Richtige[1].

---

[1] Auf dem 2. deutschen Städtetag am 6. und 7. Juli 1908 in München hat

Ein Wort über die Unterrichtszeit! Aus dem Lager derer, die den Unterricht auf die Abendstunden und die Sonntage verlegen wollen, sind Stimmen laut geworden, die dieses deshalb empfehlen, weil dadurch die Jugend am besten vor unzweckmäßiger Verwendung ihrer Mußestunden bewahrt werde; wir möchten aber glauben, daß wir, ohne auf den Lehrerfolg einzugehen, es schon vom Standpunkte der vorbeugenden Krankenpflege aus verwerfen müssen, junge Menschen, die 10 und mehr Stunden gewerblich gearbeitet haben, nun auch noch abends und Sonntags auf die Schulbank zu drücken.

Wie denkt sich nun Honnef den Aufbau der Fürsorgebestrebungen auf der Fortbildungsschule? Er hat, wohlgemerkt, immer nur die Fürsorgebestrebungen der beiden großen christlichen Konfessionen im Auge und geht von obligatorischem Religionsunterricht aus. Dabei stellt er sich drei Möglichkeiten vor:

a) die Vereinstätigkeit wird der Schule angegliedert, d. h. statt der bisher bestehenden konfessionellen Jugendvereine wird an jede größere Fortbildungsschule ein Jugendverein angeschlossen, dessen Vorstand außer dem Leiter, den Lehrern der Anstalt und anderen Jugendfreunden die Religionslehrer beider Konfessionen angehören. Dieser Verein veranstaltet für alle Schüler gemeinsame Unterhaltung, Belehrung, wirtschaftliche und soziale Förderung; daneben findet Sonntags, nach Konfessionen getrennt, unter Aufsicht von Lehrpersonen, Gottesdienst mit anschließendem Unterricht und gemeinschaftlichem Empfang der heiligen Sakramente statt.

Gegen diese Lösung erhebt Honnef selbst das Bedenken, daß die bestehenden konfessionellen Jugendvereinigungen sich nicht zugunsten solcher simultanen Vereine aufgeben werden.

b) Die Vereine bleiben selbständig und werden von den Schulen als Sonntagsabteilungen betrachtet.

Die Fortbildungsschule verzichtet auf eigene Vereinstätigkeit, d. h. auf alle Tätigkeit außerhalb des Unterrichts und überläßt diese einschließlich des Religionsunterrichts und der Schulfeiern den konfessionellen Vereinen, in deren Vorständen die Leiter und Lehrer geborene Mitglieder sind; die Schule übt auf die Schüler einen starken Einfluß aus, dem Vereine beizutreten; die Innungen machen den Besuch der Vereine für ihre Lehrlinge obligatorisch. Die Vereine müßten sich, um diese Idee zu verwirklichen, statt nach Pfarrbezirken, entsprechend der mehr und mehr fachlich werdenden Gliederung der Fortbildungsschulen, fachlich gliedern.

Daran, daß die Pfarrer, um ihren Pfarrverband nicht zu sehr zu lockern, dieses nicht wollen werden, sieht Honnef selbst diesen, seinen

---

Stadtschulrat Prof. Dr. Michaelis, Berlin, über die staatsbürgerliche Erziehung der Jugend in der Fortbildungsschule referiert. Nach einer Mitteilung in Nr. 42 des XVII. Jahrgangs der „Sozialen Praxis" hat er ausgeführt, daß die Schule den Nachwuchs für die öffentlichen Pflichten ausbilden, daß die staatsbürgerliche Belehrung streng sachlich gestaltet werden und daneben eine Erziehung zum sozialen Interesse, Gewöhnung an Selbstregierung und Weckung des Gemeinschaftssinnes ohne jeden Zwang erfolgen müsse.

Auf dem 10. deutschen Fortbildungstag vom 9. bis 11. Oktober 1908 in Braunschweig wird Pastor Herbst-Calvörde „die Bedeutung der ländlichen Fortbildungsschule für die Volkserziehung" beleuchten.

Lieblingsplan scheitern und so treibt er schließlich auf dem kleinen Kahn der dritten Möglichkeit in den Hafen.

c) Die Jugendvereine behalten ihre jetzige Organisation nach Pfarrverbänden; aber es werden die Pfarrjugendvereine für mehrere angrenzende Pfarreien zusammengelegt, in ihnen Fachabteilungen gebildet und mit der Leitung dieser großen Vereine und der von ihnen zu errichtenden Jugendheime besondere Geistliche betraut, die tunlichst von der Pfarrseelsorge entbunden werden. Diese von Staats- oder Gemeindewegen zu besoldenden Geistlichen hätten dann an den Fortbildungsschulen den als Lehrfach für Tagesunterricht zu erteilenden Religionsunterricht zu übernehmen, und hätten so Gelegenheit, sich intensiv und systematisch mit der schulentlassenen Jugend zu beschäftigen (vgl. für das vorstehende Honnef a. a. O. S. 247 bis 252).

Uns will es scheinen, als ob auch dieser Kahn Honnefs den Hafen nicht erreichen wird. Denn es ist wohl sehr unwahrscheinlich,

1. daß der Religionsunterricht allgemein an den Fortbildungsschulen obligatorisch gemacht werden wird;
2. daß, wenn es geschähe, er gerade immer den Leitern der Jugendorganisation übertragen werden würde;
3. daß von seiten der Schule oder der Innungen ein Druck oder Zwang, den Vereinen beizutreten, ausgeübt werden könnte;
4. daß, wenn dieses geschähe, er einen ersprießlichen Erfolg für diese Zwangsmitglieder haben würde. —

Wie steht es mit den auch von Honnef besprochenen und von ihm ebenso wie von der von ihm zitierten Kölnischen Volkszeitung als eine mächtige Konkurrenz für die Pfarrjugendvereine gefürchteten Plänen der bedeutenden Fortbildungsschulmänner Pache und Kerschensteiner?

Jener sagt in dem oben erwähnten Referat (Schriften der Zentralstelle Nr. 19, S. 145):

„Mindestens jede größere Fortbildungsschule sollte eine Filiale der örtlichen Sparkasse sein, sollte einen Aufenthaltsraum haben, in dem die in Aftermiete oder beim Meister wohnenden Schüler die Abendstunden verbringen können, sollte eine Bibliothek besitzen und an Sonntagen Unterhaltungsabende, im Sommer gemeinschaftliche Spaziergänge einrichten, um die jungen Leute dem gefährlichen Kneipenleben zu entziehen. Am Schlusse des Schuljahres dürfte auch eine gemeinschaftliche Abendmahlsfeier nicht fehlen."

Kerschensteiner in seiner Schrift „Staatsbürgerliche Erziehung der deutschen Jugend" (Erfurt bei Villaret, 1901, seitdem in 3. Auflage erschienen), schließt sich dem Vorschlage Paches, Unterhaltungsabende für die Fortbildungsschüler einzurichten, an, fordert außerdem Turn- und Spielunterricht prinzipiell obligatorisch, jedenfalls fakultativ unter Heranziehung von Vorturnern und Spielleitern aus angesehenen vaterländisch gesinnten Turnvereinen und entwickelt außerdem noch einen besonderen Plan der Gründung von Vereinen ehemaliger Fortbildungsschüler, den wir hier im Wortlaut folgen lassen (a. a. O. S. 61):

„Es ist eine überall zu beobachtende Erscheinung, daß alle größeren Schulen, die eine gewisse Aufgabe zum Abschluß bringen, im allgemeinen ein starkes Gefühl der Zusammengehörigkeit unter den Schülern erzeugen. Dieses Gefühl könnte in trefflicher Weise für unsere Erziehungszwecke ausgewertet werden durch Gründung eines Vereins ehemaliger Schüler der Anstalt. Den Vorsitz des Vereins müßte aber, wenn die Ausnützung in unserm Sinne gesichert sein soll, der Leiter der Anstalt führen, ebenso wie den Zusammenkünften der Mitglieder das Anstaltsgebäude zur Verfügung stehen müßte. Die unerläßlichen Mitgliederbeiträge, vermehrt durch freiwillige Zuwendungen von Geschäftsinhabern, welche ehemalige Schüler der Anstalt zu Arbeitern haben, und ergänzt durch staatliche und städtische Subventionen, würden die Mittel liefern, zunächst jene Kurse einzurichten, welche die staatsbürgerliche und berufliche Erziehung über die Schulzeit hinaus fortsetzen. Im Rahmen des Vereins könnte ferner durch geeignete Unterhaltungsabende das Bedürfnis nach Genuß befriedigt und veredelt werden; Turn- und Turnspielabende und gemeinsame Wanderungen würden die weitere körperliche und die Willenserziehung übernehmen, Sparkassen den Sparsinn wecken und beleben. Seine Erziehungskräfte vermehrt der Verein durch Aufnahme von älteren außerordentlichen Mitgliedern, aus dem Lehrkörper der Anstalt, aus den Angehörigen des Berufskreises der Schüler und Freunden der Jugend überhaupt. Ein solcher Verein wäre eine ausgezeichnete Zufluchtsstätte zunächst für alle guten und brauchbaren Elemente des betreffenden Berufs, denen es von Anfang an ein Bedürfnis ist, mit ihren liebgewonnenen Lehrern in Fühlung zu bleiben und den an der Schule errungenen Schatz von Bildung und Erziehung zu erhalten und zu vermehren. In dieser Hinsicht dürfte er sogar ein Barometer sein für den Geist, der an der Schule waltet. Er ist die natürliche Quelle der in unserer Zeit so vielfach angestrebten Jugendvereine. Soll er aber eine stärkere Anziehungskraft ausüben, so wird er neben den Aufgaben, die wir soeben berührt haben, auch die Förderung der Erwerbs- und Lebensinteressen der jungen Mitglieder mit ins Auge fassen müssen und insbesondere auch die Stellenvermittlung nicht außer acht lassen. Dieser letztere Punkt wird besonders dann wertvoll, wenn der Leiter der Schule zugleich Vorstand des Vereins ist. Denn hat die Schule durch ihre Leistungen einen guten Namen und das Vertrauen der einschlägigen Berufskreise erworben, so tritt die Aufgabe der Stellenvermittlung auch ohne die Existenz des Vereins schon an den Leiter der Anstalt heran. Zur Ausnützung des Amtes in unserem Sinne ist aber alsdann nur noch ein Schritt, dessen Opfer sich in zweifacher Weise lohnen. Denn einmal erhält der Verein eine Anziehungskraft nun auch für jene, die nicht von vornherein gesonnen sind, auf ihre weitere Erziehung Bedacht zu nehmen, dann aber wirkt die Aussicht des Schülers auf weitere Fürsorge durch die Schule stets zurück auf die Leistungen schon während der Unterrichtszeit. Es trägt eben, wie überall so auch hier, gemeinnütziger Sinn seinen Segen schon in sich selbst.

Von diesen Forderungen Paches und Kerschensteiners ist mancherlei schon verwirklicht. Von den deutschen Städten mit mehr als 20 000 Einwohnern und den übrigen, die Mitglieder unseres Vereins sind, haben 260 unseren Fragebogen beantwortet. Von ihnen haben folgende bei den Fortbildungsschulen eigene **Bibliotheken**: Allenstein (für jede Klasse), Altenburg, Anklam, Barmen, Bayreuth, Biberach, Bochum, Brandenburg, Braunschweig, Bremen, Burg bei Magdeburg, Charlottenburg, Colmar, Cottbus (mit Lesehalle), Crefeld, Danzig, Darmstadt, Delmenhorst, Dessau, Dülken, Düsseldorf, Duisburg, Eberswalde, Eilenburg, Eisleben, Elbing, Erfurt, Eschweiler, Frankfurt a. M., Gießen, M.-Gladbach, Gleiwitz, Glogau, Göppingen, Guben, Gumbinnen, Halberstadt, Halle, Hamborn, Harburg, Hildesheim, Hohensalza, Insterburg, Karlsruhe, Kattowitz, Kiel, Köln, Königshütte, Konstanz, Kottbus (mit Lesehalle), Lennep, Linden, Luckenwalde, Lüdenscheid (für jede Klasse), Marburg, Marienburg, Meerane, Meißen, Memel, Merseburg, Minden, Mülheim am Rhein und an der Ruhr, Mülhausen im Elsaß und Mühlhausen in Thür., Neuß, Nordhausen, Oels, Ohligs, Oppeln, Oschersleben, Paderborn, Peine,

Pirna, Plauen, Quedlinburg, Ratibor, Rawitsch, Remscheid, Rixdorf, Saargemünd, Sangerhausen, Schmölln, Schönebeck, Schwiebus, Siegen, Stargard (mit Leseraum), Steglitz, St. Johann, Wandsbeck, Weißenfels, Wilhelmshaven, Wittenberg, Worms, Zabrze, Zeitz, Zerbst, Zwickau, zusammen 99.

Diese Bibliotheken werden ja nicht alle groß sein; in mancher Großstadt sind sie wohl deshalb überflüssig, weil es Volksbibliotheken über die ganze Stadt verteilt gibt; als die glücklichste Lösung der Aufgabe aber, der in der Fortbildungsschule gesammelten Jugend immer genügende Gelegenheit zu guter Lektüre zu schaffen, möchte uns erscheinen, wenn aus einer gut organisierten öffentlichen Bibliothek Filialen bei den Fortbildungsschulen immer neu gespeist werden.

Viel seltener als Bibliotheken sind zu den Fortbildungsschulen gehörige **Aufenthaltsräume** (Lehrlingsheime). Über solche wird uns nur aus folgenden Städten berichtet:

Altenburg, Berlin (nur bei der 5. Pflichtfortbildungsschule), Biberach, Dessau, Flensburg, Frankfurt a. M., Gießen, Harburg, Herford, Insterburg, Kiel, Köpenick, Marburg, Meerane und Ratibor.

Auf die von Vereinen, auch Innungen usw. getragenen Lehrlingshorte kommen wir später zurück. Die Seltenheit derartiger Veranstaltungen in unmittelbarem Anschluß an die Fortbildungsschulen erklärt sich wohl mit daraus, daß bisher die meisten Fortbildungsschulen in den Volksschulen zu Gaste gehen. Vielleicht werden, wenn die Städte auch in Preußen gezwungen sind, Fortbildungsschulen mit Tagesunterricht zu unterhalten, mehr besondere Gebäude und damit auch Aufenthaltsräume für die Lehrlinge entstehen.

Eine eigene Sparkasse hat die Fortbildungsschule in Frankfurt am Main, eine Filiale der öffentlichen Sparkasse haben die Fortbildungsschulen in Heilbronn, Kettwig, Königshütte, Kottbus, eine Verkaufsstelle der Pfennigsparkasse ist bei der Schule in Lennep und ein Verkauf von Sparmarken bei der in Luckenwalde eingerichtet.

In Duisburg ist die Errichtung einer Beratungsstelle für volksschulentlassene Knaben vom Vorstand der Fortbildungsschule beschlossen. Der Leiter der Schule soll die Verwaltung der Stelle übernehmen.

Turnen bzw. Jugendspiel wird an den Fortbildungsschulen folgender Städte gepflegt und zwar, soweit nicht besonders bemerkt, fakultativ:

Barmen, Bernburg (auch unentgeltliche Badekarten für das Flußbad), Bielefeld (Turnen obl.), Bochum (geplant), Charlottenburg, Dessau, Düsseldorf, Duisburg, Elbing, Frankfurt am Main (nicht ersichtlich, ob fak. oder obl.), Guben, Gumbinnen, Hagen, Herford, Hildesheim, Hohensalza, Kalk (geplant), Kiel, Konstanz, Kottbus, Lennep, Gr. Lichterfelde, Magdeburg, Memel, Mühlhausen i. Th., München (obl.), Nordhausen, Oppeln, Osnabrück, Peine, Potsdam, Ratibor, Rawitsch, Roßlau, Sonneberg (obl.)[1],

---

[1] Die Nachricht über Sonneberg entnehmen wir aus der „Sozialen Praxis" XVII Nr. 39 S. 1043. Als erste deutsche Stadt richtete Sonneberg aber nicht den obligatorischen Turnunterricht in den Fortbildungsschulen auf Stadtkosten ein. München und Bielefeld sind ihr zuvorgekommen.

Stargard, Steglitz, Straßburg (für Schüler und Schülerinnen, für letztere auch Schwimmen), Wilhelmshaven, Wittenberge, Zabrze, Zeitz, also in 42 Städten.

Ganz im Sinne Kerschensteiners scheint das Turnen in Erfurt geregelt zu sein. Es sind dort drei nationalen Turnvereinen Jugendabteilungen, die nur aus Fortbildungsschülern gebildet sind, angegliedert. Diese Abteilungen werden nicht von Lehrern, sondern von erwachsenen Arbeitern, Meistern und Beamten geleitet. Sämtliche Kosten trägt die Stadtgemeinde. Teilnehmerzahl im vorigen Winter: 450 Schüler.

Ausflüge, Unterhaltungsabende, Theaterbesuche, Museumsführungen werden von den Fortbildungsschulen folgender Städte veranstaltet:

(A. bedeutet Ausflüge, U. = Unterhaltungsabende, wo nichts bemerkt ist, war nicht ersichtlich, welche Art der Veranstaltung stattfindet.) Altona A. u. U., Aschersleben, Barmen A. u. U., Berlin Führungen, z. B. Urania, Braunschweig, Bromberg A. u. U., Burg bei Magdeburg A., Charlottenburg A. u. U., Crefeld A. u. U., Darmstadt, Delmenhorst, Dessau A., U. u. Museumsführungen, Duisburg A., U. u. Museumsführungen, Eberswalde, Eilenburg A., Erfurt A., Frankfurt am Main A., Theaterbesuch, Museumsführungen, Glauchau U., Gotha Theaterbesuche, Graudenz Theaterbesuche, Grünberg A., Guben A. u. U., Hagen A. u. Theaterbesuche, Hameln U., Hanau A. u. U., Hannover U., Harburg U. u. Museumsführungen, Herford, Hildesheim A. u. Führungen, Hohensalza, Kattowitz A., Kiel A., Königsberg, Königshütte A. u. U., Koburg Theaterfreikarten, Konstanz A. und Theaterbesuche, Lennep A. u. U., Gr. Lichterfelde A. u. U., Lüdenscheid, Lüneburg, Magdeburg A. u. U., Mannheim A. u. Führungen, Marburg sehr billige Theatervorstellungen u. U., Marienburg A. u. U., Meerane, Mühlhausen i. Th., Münster A., Neumünster A., Neunkirchen A., Nordhausen, Oppeln A. u. U., Oschersleben A., Potsdam A., Ratibor A., U. u. Theaterbesuch, Rawitsch, Regensburg A., Schmölln A. u. U., Schwiebus A., Steglitz, Stolp A. u. U., Straßburg (Schülerinnen A. u. U.), Weißenfels U. u. Freikarten, Wilhelmsburg A. u. U., Wilhelmshaven A., Wittenberg U., Wittenberge A. u. U., Zabrze, Zeitz A. u. U., Zittau U., Zwickau Führungen.

Über die Jugendfürsorgebestrebungen der Fortbildungsschule zu Wittenberge findet sich ein ausführlicher Aufsatz in der Jugendfürsorge VII, Heft 7, S. 420 ff. Aus Halberstadt wird mitgeteilt: „Der Versuch bezüglich der Ausflüge ist gemacht worden. Leider mußten die Ausflüge wegen zu geringer Beteiligung der Jünglinge eingestellt werden. Als Belohnung für Fleiß und gutes Betragen erhält wiederholt eine Anzahl Schüler Freikarten zum Besuch des Stadttheaters. Die Kosten trägt der Magistrat."

Wir erinnern hierbei an die oben mitgeteilte, auf dem sächsischen Städtetage berichtete Teilnahme zweier von 90 Fortbildungsschülern an einem Ausfluge.

Danach, ob es irgendwo Vereine ehemaliger Fortbildungsschüler gibt, haben wir nicht gefragt, da uns zur Zeit der Versendung des Fragebogens die Idee Kerschensteiners noch nicht bekannt war.

Dagegen sind auf zwei von uns gestellte Fragen:

Bestehen unter den Fortbildungs- bzw. Fachschülern als solchen Vereine? Lese-, Turn-, Spiel-, Sport- oder andere Vereine? und

Tagen diese Vereine in Räumen der Schule, in Wirtschaften oder wo sonst?

aus folgenden Städten positive Antworten eingegangen:

1. Aus Aschersleben:

„Es besteht eine Jugendvereinigung der Gewerbefachschule mit 64 Mitgliedern im Alter von 14—17 Jahren; der Leiter der Gewerbefachschule ist der Leiter des Vereins. Der Verein tagt in den Räumen der Schule."

2. Aus Berlin:

„Nur an der zweiten Pflichtfortbildungsschule. Der Verein tagt in den Räumen der Schule nicht."

3. Aus Cottbus:

Im Anschluß an die gewerbliche Fortbildungsschule besteht eine Gesangsabteilung.

4. Aus Dessau:

„Die Schüler der allgemeinen Fortbildungsschule haben unter sich einen ‚Jugendverband' begründet. Angehörige der Kunstgewerbe- und Handwerkerschule können beitreten. Innerhalb des Verbandes bestehen Spiel-, Schwimm- und Gesangsvereinigungen."

Aus dem Ratgeber für Jugendvereinigungen Nr. 3, S. 31 erfahren wir, daß der Jugendverband auf Anregung und mit Unterstützung des Oberbürgermeisters Dr. Ebeling begründet worden ist und daß außer den oben genannten Unterabteilungen auch solche für Turnen, Lesen und Unterhaltungsspiel bestehen.

Die Satzungen, die das Datum vom 10. November 1907 tragen, lassen wir, da es sich hier um etwas ganz Neues handelt, im Wortlaut folgen:

Satzungen des „Dessauer Jugendverbandes".

§ 1. Der „Dessauer Jugendverband" setzt sich das Ziel, die Gesundheit der in der Stadt Dessau beschäftigten männlichen jugendlichen Lehrlinge und Arbeiter zu kräftigen, die geistige und körperliche Tüchtigkeit zu heben und edle Geselligkeit zu pflegen.

§ 2. Jeder jugendliche männliche Lehrling oder Arbeiter, welcher als Schüler der Allgemeinen Fortbildungsschule anzugehören verpflichtet ist oder war, ist berechtigt, Mitglied des Dessauer Jugendvereins zu werden. Über Aufnahme und Ausschluß entscheidet der Vorstand (§ 7).

§ 3. Jedes Mitglied hat das Recht, an allen Veranstaltungen des Dessauer Jugendverbandes teilzunehmen und die Pflicht, an der Erreichung des Zieles mitzuarbeiten und neue Mitglieder zu gewinnen.

§ 4. Zur Erreichung des gesteckten Zieles (§ 1) gliedert sich der Verband in Unterabteilungen für besondere Zwecke (Pflege des Spiels im Freien, Turnen, Schwimmen, Lesen, Unterhaltungsspiel, Gesang).

§ 5. Die Unterabteilungen wählen aus ihrer Mitte für je 20 Mitglieder einen, mindestens jedoch zwei Obmänner in den Vorstand. Sie berufen außerdem noch bis zu vier Mitgliedern zur Verwaltung bestimmter Ämter der Unterabteilung.

§ 6. Die Obmänner sind verantwortlich für die Ordnung in ihren Gruppen und für die sachgemäße Verwaltung der Ämter. Sie vermitteln als Vertreter im Vorstande die Wünsche ihrer Gruppe. Die Mitglieder haben sich ihren Anordnungen zu fügen.

§ 7. Die Leitung des Dessauer Jugendverbandes erfolgt durch einen von der Generalversammlung zu wählenden Vorstand. Dieser besteht aus den nach § 5 berufenen Obmännern und einer Anzahl von der Generalversammlung gewählter Mitglieder oder sonstiger geeigneter Personen. Die Wahlen finden kurz nach Ostern jeden Jahres statt.

§ 8. Der Vorstand hält gemeinsame Beratungen ab und führt die Beschlüsse des Dessauer Jugendverbandes aus. Er vertritt den Verein nach außen und sucht für die einzelnen Veranstaltungen Mittel, geeignete Plätze und Lokale zu gewinnen. Zur Erledigung der Vereinsarbeiten bildet er einen geschäftsführenden Ausschuß. Zur Durchführung bestimmter Zwecke bevollmächtigt er einzelne Mitglieder.

§ 9. Als Beitrag ist von jedem Mitglied pro Monat 10 Pf. zur Verbandskasse zu zahlen. Die Mitglieder, welche sich einer Unterabteilung angeschlossen haben, haben in den Versammlungen derselben Sitz und Stimme und sind verpflichtet, monatlich 5 Pf. beizusteuern. Jedes Mitglied des Jugendverbandes hat das Recht, an den Veranstaltungen auch der Unterabteilung, der er nicht angehört, als Gast teilzunehmen.

Angenommen Dessau, den 10. November 1907.

Das Versammlungslokal befindet sich in einem Restaurant nahe der Schule. Die von dem Verbande benutzten Lokalitäten sind vom Gastwirtschaftsbetriebe völlig gesondert.

Der Jugendverband gewährt jeden Abend Lehrlingen Gelegenheit zum Aufenthalt. Geleitet werden die Abende von dem Direktor und den übrigen Lehrern der Schule.

Über die Mitgliederzahl und das Funktionieren der Vereinsverwaltung wird weiteres noch nicht mitgeteilt; es wäre sehr wünschenswert, wenn solche Mitteilung auf der Jahresversammlung in Hannover mündlich erfolgte.

5. Aus Eilenburg:

Im Anschluß an die gewerbliche Fortbildungsschule besteht eine zwanglose Vereinigung „Jugendfürsorge" unter Leitung eines Rektors. Versammlung im Schulhause. Spielabteilungen zur Pflege der Jugendspiele. Lehrer als Leiter.

6. Aus Flensburg:

Es besteht unter den Fortbildungsschülern ein Spielverein, in dem Jugendspiele gepflegt, auch Ausflüge gemacht werden.

7. Aus Frankfurt am Main:

„Ja. Die Vereine tagen in der Schule und in gemieteten Räumen." Hoffentlich wird diese Angabe in der Versammlung ergänzt.

8. Aus Gotha:

Es besteht der Turnverein der Fortbildungsschüler, mit der städtischen Fortbildungsschule verbunden und von dem Direktor derselben überwacht. Der Unterricht ist fakultativ. Er wird von einem geprüften und von der Stadt besoldeten Turnlehrer erteilt. Weitere Vereinsangelegenheiten regelt und erledigt ein von den Schülern aus ihren Reihen gewählter Vorstand und Beirat. Nur im Notfalle helfen der Turnlehrer und der Direktor mit Rat und Tat. Neben der Ausbildung im deutschen Turnen ist die Gewöhnung zur Selbstzucht, zur freien Selbstbestimmung unter dem Gefühl der Verantwortlichkeit Zweck des Vereins. Der Verein tagt in der Turnhalle oder einem anderen Schulraume.

9. Aus Lennep:

Es besteht die Absicht, diejenigen Fortbildungsschüler, die sich an den zu ihrer Unterhaltung getroffenen Einrichtungen beteiligen, vereinsmäßig zu organisieren. —

Es ist bekannt, daß der preußische Minister für Handel und Gewerbe das Angliedern von Fürsorgebestrebungen an die Fortbildungsschule in einem Runderlaß vom 3. August 1905 unter lobender Erwähnung der damals in Düsseldorf bereits bestehenden Turn= und Spielkurse ausdrücklich empfohlen hat.

In demselben Sinne äußerte sich der Oberpräsident von Hessen=Nassau auf dem Hessen=Nassauischen Städtetag 1907: „Von großem Werte würde es sein, wenn sich die Bürgermeister bestreben, die Fortbildungsschule als Mittelpunkt in Verbindung zu bringen mit allen Fürsorgebestrebungen für die schulentlassene Jugend."

Bei den diesjährigen Beratungen des preußischen Abgeordnetenhauses über die gewerbliche Fortbildungsschule aber betonte der Abgeordnete v. Schenckendorff, daß die Pflichtfortbildungsschule diejenige feste Organisation bilde, „von der aus die Gemeinde, der Staat und die Gesellschaft eingreifen können zur Fürsorge für die schulentlassene Jugend", und der Minister für Handel und Gewerbe erwiderte darauf:

„... Ich kann ... nur konstatieren, daß nicht nur ich, sondern auch meine Kollegen im Staatsministerium völlig mit dem Herrn Abgeordneten darin übereinstimmen, daß die Fortbildungsschule, je mehr sie verbreitet und entwickelt wird, um so mehr ihre Ziele in der Richtung weiter stecken soll, als daß nicht bloß eine gewisse Vertiefung und Erweiterung der Kenntnisse, die auf der Volksschule erworben sind, erstrebt, insofern sie nicht nur darauf Bedacht nimmt, den Lehrling für die speziellen Aufgaben seines Gewerbes zu erziehen, sondern, insofern sie auch bestrebt sein muß, die allgemeine Bildung des Schülers, insofern sie sich auf seine Beziehungen zum Staat und auf seine Verpflichtungen dem Staate und der Gesellschaft gegenüber beziehen, zu erweitern und zu vertiefen. Die Fortbildungsschule muß sich daher alle diejenigen Hilfsmittel zunutze machen, die in Form von Museen und ähnlichen Darbietungen an den einzelnen Orten gegeben sind; sie muß bestrebt sein, durch anregende Vorträge außer der Schule den Schüler von unzweckmäßigen politischen theoretischen Betrachtungen abzulenken und auf zweckmäßige und seiner Ausbildung dienlichere und ihn interessierende Gegenstände überzuführen. Ich bin der Ansicht, daß in die Gesamtheit aller dieser Nebenziele, die die Fortbildungsschule zu verfolgen hat, zweifellos eine Entwicklung der Jugendspiele gehört ...

Es schweben augenblicklich innerhalb der beteiligten preußischen Ressorts Verhandlungen, inwieweit alle diese Ziele in einer noch vollkommeneren und mehr organischen Weise als bisher verfolgt und erreicht werden können."

Wir müssen gestehen, daß uns der Gedanke, die obligatorische Fortbildungsschule zum Mittelpunkt der gesamten Fürsorge für die normale volksschulentlassene Jugend zu machen, von vornherein sehr sympathisch gewesen ist. Die Fortbildungsschule umfaßt alle Jugendlichen; sie muß, wenn sie richtig geleitet wird, imstande sein, wie Kerschensteiner sagt, „ein starkes Gefühl der Zusammengehörigkeit unter den Schülern zu erzeugen, nur sie kann einen vollständig neutralen Boden bilden, von dem jede Tendenz, sei es kirchliche oder politische, am leichtesten auszuscheiden ist. Sie ist auch, sicherlich soweit es sich um Fürsorgeveranstaltungen handelt, noch ein ziemlich unbeschriebenes Blatt und kann daher von keiner Seite in irgend einer Richtung mit Recht als tendenziös gescholten werden. Sie ist daher am besten imstande, eine möglichst große Zahl von Jugendlichen zu allen möglichen für sie nützlichen Veranstaltungen zu vereinigen, um so mehr, wenn diese Veranstaltungen, wonach die Jugend doch auch strebt, im Gegensatz zu dem Pflichtmäßigen der Volksschule und der Fortbildungsschule selbst einen mehr freiheitlichen Charakter annehmen. Wir möchten sogar meinen, daß sich von der Fortbildungsschule aus und an der Fortbildungsschule vielleicht noch am ehesten das Ideal des Volksheims und der Vereinigung der Freunde und Helfer der Jugend, den rechten Erziehergeist „in unseren Gebildeten zu wecken", verwirklichen und sehr gut verwerten ließe. Die Fortbildungsschulen werden voraussichtlich gemeindliche Veranstaltungen — hoffentlich mit recht großer Bewegungsfreiheit der Gemeinden — bleiben, damit in den Gemeinden Lust und Liebe zu ihrer Pflege geweckt und erhalten werde. Wenn nun an der Spitze des Kuratoriums der Fortbildungsschule der Bürgermeister oder der Dezernent steht und in ihm Stadtverordnete und Bürger verschiedener Stände sitzen, die alle zusammen meistens doch noch mit mehr Kreisen Fühlung haben oder gewinnen können als ein jugendfreundlicher Pfarrer, so wird es ihnen — scheint uns — eher gelingen, als manchen Nachahmern von Clemens Schultz und Classen, in den Kreisen der Gebildeten solche Personen zu finden, die bereit sind, freiwillig an der Jugendfürsorge mitzuarbeiten. Diese Jugendfürsorge wird dann auch jedes pastoralen oder schulmeisterlichen Anstrichs entbehren, wenn nicht ein Laie zwar vorträgt, der Pastor oder Lehrer aber die Veranstaltung leitet, sondern, wenn umgekehrt die Leitung in den Händen des vollkommen neutralen Verwaltungsbeamten oder Kuratoriums ruht und als Vortragende in bunter Abwechslung Juristen, Geistliche, Lehrer, Ärzte, Kaufleute, Arbeiter und Handwerker auftreten. So gut es einem eifrigen Kommunalbeamten gelingen muß, Hunderte von Mitgliedern aller Berufe zu jahrelangem Ausharren in dem Ehrenamte eines Armenpflegers zu gewinnen, so gut wird es ihm auch gelingen, freiwillige Kräfte zu veranlassen, daß sie ihre Kunst, Wissenschaft oder Lebenserfahrung in den Dienst der Jugendpflege stellen.

Zu den Museumsführungen und Theaterbesuchen wird sich nicht viel Allgemeingültiges sagen lassen; Ausflüge werden gewiß mehr Anklang finden, wenn sie in kleineren Gruppen, als wenn sie von der ganzen Schule gemeinschaftlich veranstaltet werden; gewiß finden sich auch unter der großen Zahl der Schüler manche, denen gerade regelmäßige Fußwanderungen der liebste Sport sind oder werden können; die müßten zu gemeinsamen Sonntagswanderungen veranlaßt werden — zur Gründung eines Wanderklubs — wenn es nicht anders sein könnte; dabei brauchte dann kein Lehrer mitzugehen.

Wieder anders wäre der Gesang zu behandeln; wir würden es für verkehrt halten, wenn obligatorisch gesungen würde; anderseits gibt es aber unter den Fortbildungsschülern gewiß so viele, die gern singen, daß sich aus ihnen leicht ein freiwilliger Sängerchor oder ein Gesangverein der Fortbildungsschule gründen ließe. Der Chor müßte am liebsten auch von einem Künstler im Ehrenamte, wenn der nicht zu finden wäre, von einem Gesanglehrer geleitet werden, zu dessen Gewinnung dann aber tunlichst die Schüler selbst beitragen müßten, damit sie nicht unter dem Eindruck stünden, als wenn das Singen doch mit zur Schulpflicht gehöre.

Leibesübungen als Jugendfürsorge.

Etwas länger möchten wir bei dem Turnen und Spielen verweilen, da dieses gerade im Vordergrund des Interesses vieler steht und da es als eine nicht nur die Seele, sondern auch vor allem den Körper bewahrende und entwickelnde Veranstaltung dem Deutschen Verein für Armenpflege und Wohltätigkeit als Maßregel der vorbeugenden Krankenpflege besonders nahe kommt.

Wer gern turnt oder gern spielt, der bringt erstens einmal einen großen Teil seiner freien Zeit mit dieser sehr nützlichen und folglich nicht mit irgend einer anderen schädlichen Beschäftigung zu; ferner, wer gern turnt oder spielt, besonders wer gern spielt, der spielt sich Sonntags nachmittags so müde, daß er abends gar keine Lust mehr hat, nach dem schönen Aufenthalt in frischer Luft noch den heißen Tanzboden aufzusuchen, und endlich, wer gern spielt, so gern, daß er für sich oder seine Spielmannschaft einen Preis erringen möchte, der trinkt nicht viel Alkohol, weil er weiß, daß er fett oder doch zum Sport untüchtig macht und merkt bald, daß man auch ohne viel Alkohol sehr gut auskommen kann. Der vielseitige Wert des Turnens und Spielens wird immer mehr anerkannt. Das tut z. B. Troeltsch in seinem Referat bei dem 11. evangelisch-sozialen Kongreß im Jahre 1904 in Karlsruhe (Bericht S. 44) mit den Worten:

„Beide (Lesehallen, Schülerschriften usw. einerseits und Turnen und Spielen anderseits) verringern die Versuchung zu alkoholischen und sexuellen Exzessen; beide erfordern dabei relativ kleine Mittel. Und besonders auch die Pflege der Körperkraft ist in so vielen Richtungen von wohltätigem Einfluß. Sie hat als willensbildend pädagogischen Wert, als Gegengewicht gegen bloße Maschinenbedienung und Erwerbstätigkeit im Sitzen gesundheitlichen, als Vorbereitung für die Wehrpflicht die größte nationale Bedeutung.

Wir sahen schon oben, daß Kerschensteiner Turnen prinzipiell als obligatorischen Unterrichtsgegenstand in der Fortbildungsschule fordert — in München und anderen Orten ist Turnen und Spiel als solcher eingeführt —, wir sahen auch schon, daß eine Konferenz von Vertretern der deutschen Turnerschaft, des Zentralausschusses für Volks- und Jugendspiele und des deutschen Turnlehrervereins, die sich übrigens schlechtweg eine Konferenz zur Fürsorge für die schulentlassene Jugend nennt, dieselbe Forderung erhebt.

In den Beschlüssen dieser Konferenz heißt es in bezug auf die Fortbildungsschüler weiter:

„1. Fortbildungsschüler, welche in geeigneten Vereinen und unter sachverständiger Leitung gleichwertige Leibesübungen in ausreichendem Maße betreiben, können von der Turn- und Spielpflicht der Fortbildungsschule befreit werden.

Fürsorge für die normale, volksschulentlassene, männliche, städtische Jugend. 47

2. Unter Umständen kann bestehenden Vereinen, wenn sie über ausreichende Einrichtungen und Lehrkräfte verfügen, die regelmäßige Fürsorge für die schulentlassene Jugend überhaupt oder doch zum Teil übertragen werden. Es wird sich dies vor allem da empfehlen, wo die Fortbildungsschule bisher noch nicht besteht, oder ihre Schülerzahl sehr groß ist."

Hier möchten wir auf die Denkschrift Schenckendorffs über ein Zusammenwirken des Staats mit den freien Bestrebungen zur Gewinnung der schulentlassenen männlichen Jugend im Alter von 14—18 Jahren für regelmäßige turnerische und sportliche Betätigung hinweisen, abgedruckt im Jahrbuch 1908 für Volks- und Jugendspiele S. 51 und gerichtet an den Minister des Innern von Bethmann-Hollweg, der am 21. Februar 1907 im Abgeordnetenhause Pflege und Vermehrung des Sports als eine der heilenden Maßnahmen gegen die verderblichen Auswüchse des Großstadtlebens genannt hatte, um die überschüssige Kraft, die in der Jugend lebt, auf ein Gebiet zu lenken, wo sie in der Stählung von Körper und Geist zum Ausdruck kommt. Hier wird empfohlen, an den Fortbildungsschulen zuerst mit freiwilligen Einrichtungen zu beginnen und Turn-, Sport- und andere Vereine zur Mitwirkung aufzufordern. Dann heißt es weiter (S. 57):

„Auch würden die Fortbildungsschüler derart zu organisieren sein, daß die Schüler der älteren Jahrgänge die der jüngeren überwachten. Für die Heranziehung zu solcher körperlichen Betätigung könnten die Fortbildungsschüler in Rücksicht auf ihre berufliche Tätigkeit kaum mehr als zwei Stunden in der Woche in Anspruch genommen werden. Da diese Zeit für den gedachten Zweck aber nicht genügt, so müßte mit allen Mitteln dahin gearbeitet werden, daß sich die Schüler in ihrer sonstigen Erholungszeit auch noch zu freiwilligen Vereinigungen zwecks Pflege der Leibesübungen zusammenschlössen. Ja, hierauf wäre bei dieser ganzen Einrichtung meines Erachtens der Hauptwert zu legen. Deshalb müßten solche freiwillige Vereinigungen, die mit Genehmigung der Leitung der Fortbildungsschule gegründet werden könnten, auch nach aller Tunlichkeit staats- und kommunalerseits, und zwar durch unentgeltliche Hergabe der Turnhallen im Winter, durch Überweisung von Spielplätzen im Sommer und durch Bereitstellung von Mitteln für Auszeichnungen gefördert werden."

Auf dem neunten deutschen Kongreß für Volks- und Jugendspiele im Juni 1908 in Kiel hat Direktor Dr. Knörck-Berlin über die Fortbildungsschulpflicht und körperliche Ausbildung der Lehrlinge und jugendlichen Arbeiter referiert und im wesentlichen dieselben Forderungen gestellt, auf den Städtetag der Provinz Sachsen und des Herzogtums Anhalt, gleichfalls im Juni d. J., hat der Turninspektor Dankwort aus Magdeburg „Über Fürsorge für die schulentlassene männliche Jugend" und auf dem dritten Westfälischen Fortbildungsschultage zu Bielefeld im April 1908 der Oberbürgermeister Cuno-Hagen über „Die Pflege der körperlichen Übungen in der Fortbildungsschule" gesprochen.

Das letztgenannte Referat ist schon in der „Westfälischen Fortbildungsschule", 4. Jahrgang, Heft 6, S. 1—15 im Druck erschienen.

Cuno fordert darin ebenfalls die körperliche Übung als Pflichtfach der Fortbildungsschule, empfiehlt aber, die Turnstunden der Fortbildungsschule in die Zöglingsriegen der Turnvereine (und zwar der zur Deutschen Turnerschaft gehörigen) zu legen.

Uns will besonders die Anregung v. Schenckendorffs gefallen, die Bildung freier Vereinigungen zwecks Pflege der Leibesübungen unter den Schülern selbst zu fördern.

Denn es kommt doch ausschließlich darauf an — und insofern greift die Turnspielbewegung über die schulentlassene Jugend nach unten und oben hinaus — „die frische körperliche Betätigung im Volke zu einem Volksbedürfnis zu machen, zur Volkssitte zu erheben" (v. Schenckendorff S. 58). Das kann aber nur geschehen, wenn diese Beschäftigungen der Jugend möglichst früh als etwas Angenehmes, Erstrebenswertes erscheinen. Auf den Volksschulen werden ja schon heute in ausgiebiger Weise Jugendspiele gepflegt. Von 260 Städten, die geantwortet haben, sind auf die Frage, ob besondere Spielnachmittage bestehen, aus 140 bejahende Antworten eingelaufen, abgesehen davon, daß in den Turnstunden das Spielen gelehrt wird. Die Spielnachmittage werden meist als freiwillig, manchmal als obligatorisch bezeichnet.

Prof. Dr Schmidt, Bonn, hat auf dem Kongreß in Kiel den verbindlichen Spielnachmittag für die Volksschulen gefordert.

Vielleicht ist es, um wirklich Freude am Spielen zu erwecken, am richtigsten, wenn auf der Volksschule auf die Teilnahme an den Spielnachmittagen dadurch eine handgreifliche Prämie gesetzt wird, daß, wer nicht teilnimmt, entweder häusliche Arbeiten zu liefern oder an einer anderen Unterrichtsstunde teil zu nehmen hat, wie solches schon in manchen Städten geschieht.

Zwingt man einfach zum Spielen, so läuft man Gefahr, daß die Schüler alles, wozu sie auf der Schule gezwungen werden, späterhin nicht mehr freiwillig treiben.

Ferner möchte es richtig erscheinen, auf den Volksschulen einerseits möglichst viele Spiele, besonders auch solche, die möglichst wenig Apparat gebrauchen, einzuüben, damit der Jüngling späterhin ohne Schwierigkeit an jedem Orte irgend etwas spielen kann, anderseits, wenn möglich, einige Spiele aufzusparen, damit der Schulentlassene noch etwas Neues hinzulernen kann. Und dann müßte schon auf den Volksschulen darauf besonders Wert gelegt werden, daß die Schüler auch in dem Leiten und Organisieren der Spiele geübt werden, damit eben nachher auf der Fortbildungsschule das Spielen einen möglichst freiheitlichen Charakter annehmen und dadurch einen neuen Reiz gewinnen kann.

Man könnte auf der Fortbildungsschule Turnen und Spielen obligatorisch machen, müßte aber nach einiger Zeit den, der sich gewissermaßen wie frei geschwommen, frei geturnt und gespielt hätte, und der einer freiwilligen Vereinigung beiträte, die den von der Schule zu stellenden Anforderungen entspräche, von der Teilnahme an den Schulturn- und Spielstunden befreien.

Was den von v. Schenckendorff befürchteten Mangel an geeigneten Lehrkräften betrifft, so möchte der wohl verschwinden, wenn erst einmal auf den Lehrerseminaren der Sport solchen Eingang gefunden hat, wie es auf dem Seminar in Tondern der Fall zu sein scheint, dessen Spielmannschaft sich eifrig und, mit großem Erfolg, an den sportlichen Veranstaltungen des Knivsbergfestes beteiligt. Und wenn so schon auf der Volksschule vorgearbeitet wird, dann müßte es doch möglich sein, was Claßen bezweifelt, daß Jünglinge von 14—17 Jahren ihre Turn- und Spielangelegenheiten tunlichst selbständig regeln.

Fürsorge für die normale, volksschulentlassene, männliche, städtische Jugend. 49

Wie das ganze Leben der Fortbildungsschule, so könnte auch das Turnen und Spielen sich bei größeren Anstalten fachlich gliedern. Die einzelnen Innungen, Lehrlingsausschüsse und Gewerkschaften müßten sich für die Turn- und Spielvereine an der Fortbildungsschule interessieren; sollten sich auf großen industriellen Werken geeignete Vereine bei ihnen beschäftigter Lehrlinge bilden, so müßten auch diese anerkannt werden und auf allen diesen Vereinen könnten sich dann am leichtesten auch Gesellenturn- und Spielvereine für das Alter von 18 Jahren ab aufbauen[1]. Das wäre das Ideal, wenn in edlem Wettstreit die einzelnen Fachspielvereine der Fortbildungsschule — für Schneider, für Schuhmacher, für Bäcker, für Schlosser, für Metallarbeiter, für Holzarbeiter usw. — untereinander oder mit anderen Vereinen um die Palme rängen, oder wenn die Vereine mehrerer großer Werke miteinander wetteiferten — oder wenn z. B. die Schuhmacherlehrlinge zweier Nachbarstädte sich zum Wettkampf herausforderten wie die Studenten von Cambridge und Oxford. Man schrecke nicht vor dem Gespenst des Sports zurück; wir sind noch nicht soweit in Deutschland, daß in der Beziehung ein Übermaß vorläge und wenn schon — ohne Pendelschläge geht die Uhr nicht weiter.

Cuno konstatiert in seinem oben erwähnten Vortrage, daß die große deutsche Turnerschaft sicher nicht 5 Proz. der im Alter von 14—18 Jahren stehenden Jugend zu gewinnen vermocht hat. Nach der Erhebung des Bestandes innerhalb der deutschen Turnerschaft vom 1. Januar 1908, abgedruckt in der Deutschen Turnzeitung vom 23. Juli 1908 ist die Zahl der Zöglinge im Berichtsjahre von 131 057 um 8 352 auf 139 409 gestiegen. Backhaus in seinem oben erwähnten Aufsatz in der Neuen Zeit gibt die Zahl der zum Arbeiterturnerbund gehörigen jungen Leute von 14—18 Jahren für das Jahre 1906 auf 11 767 an; er ruft die Sozialisten zum Kampf gegen die patriotischen Turnvereine auf.

Der Beigeordnete Regierungsrat Dominicus in Straßburg fragt auf dem Straßburger Kongreß für Volks- und Jugendspiele 1907 (Jahrbuch 1908 S. 42):

„Wie kann man die Arbeiterschaft für die Spielbewegung interessieren?"

Nach den neuesten Beschlüssen des Hamburger Gewerkschaftskongresses hat auch die sozialistische Arbeiterschaft Interesse genug dafür; nur will sie das Turnen und Spielen als Waffe im Klassenkampfe ausnützen; in ihren Reihen ist sogar mancher gegen Fachschulen, weil in ihnen das Klassenbewußtsein erlahme.

Anderseits ist die Kritik interessant, die Backhaus a. a. O. S. 670 an der deutschen Turnerschaft übt:

„Vielmehr haben die Turnvereine stets neben der körperlichen die politische Erziehung der Jugend gepflegt. Als das Bürgertum noch in Opposition gegen die Regierung stand, waren die Turnvereine die Mittelpunkte der bürgerlichen freiheitlichen Bestrebungen; sie wurden von den Regierungen verfolgt, aufgelöst, der Turnvater Jahn und viele seiner Anhänger 1819 ins Gefängnis geworfen. Aber wie das Bürgertum zahm und zahmer wurde, so auch seine Turnvereine, bis sie

---

[1] Inwieweit das Turnen und Spielen der Jugend bereits bei industriellen Unternehmungen gepflegt wird, darüber siehe weiter unten S. 57.

schließlich mit dem Emporwachsen der Arbeiterbewegung in offenen, schroffen Gegensatz zu ihr traten und stets betonten, daß sie ‚in der Pflege vaterländischer Gesinnung und der Treue zu Kaiser und Reich' ihre Hauptaufgabe erblicken. Auf dem letzten Turnertag der bürgerlichen Vereine, der Ende Juli des Jahres 1906 in Hildesheim stattfand, eiferte der Vorsitzende, Dr. Götz, wieder gar gewaltig ‚gegen die sozialdemokratische Umsturzpartei, gegen die zu kämpfen er für die Hauptaufgabe der Turner erklärte'."

Hiernach ist kaum anzunehmen, daß ein alter Turner seinen Sohn gern in einen Arbeiterturnverein schicken wird, und ebensowenig, daß ein „frei" organisierter Arbeiter davon begeistert sein wird, wenn der Turnunterricht auf der Fortbildungsschule mit den patriotischen Turnvereinen in Zusammenhang gebracht wird. Man lasse daher beide Organisationen bei der Fortbildungsschule außerm Spiel und erkenne hier nur solche Vereine als Ersatz für schulmäßiges Turnen und Spielen an, die sich an der Fortbildungsschule selbst bilden oder jedenfalls nicht politisch oder im Klassenkampf kompromittiert sind. Dann wird es vielleicht gelingen, den Zwang für eine große Zahl der Schüler tunlichst zu vermeiden und dadurch die Lust am Sport und Spiel als solchem zu erwecken und zu erhalten.

Wir sind uns wohl bewußt, daß dieser Vorschlag bedeutet, den Turnvereinen, vielleicht auch den konfessionellen Jünglingsvereinen und den Schultz-Classenschen Vereinen wie den Arbeiterjugendvereinen eine neue Konkurrenz zu erwecken und die seelische Beeinflussung hinter dem körperlichen Interesse zurücktreten zu lassen; das schadet aber nichts; einmal eingesetzte Truppen kann man nicht leicht zurückrufen; sie mögen weiter kämpfen; uns scheint aber, daß neue neutrale, sachlich gegliederte, an die Fortbildungsschulen angeschlossene, möglichst freie Turn- und Spielvereinigungen Aussicht haben, einen weiteren, bisher nicht erfaßten großen Teil der „Jugendwüste" einzunehmen, und auch wir sagen: Mens sana in corpore sano. —

Wie weckt man die Lust an Leibesübungen über die Militärzeit hinüber? Man hört aus Turnvereinen vielfach die Klage, daß es schwer halte, frühere Mitglieder nach dem Austritt aus der Armee zum Wiedereintritt in die Vereine zu bewegen. Ein Grund mag darin liegen, daß mancher nun in einen Kriegerverein eintritt und nicht Lust, Zeit und Geld hat, zweien Vereinen zugleich anzugehören. Ein anderer liegt aber auch gewiß darin, daß unsere deutsche Jugend, die im Gegensatz, z. B. zur englischen, dem Vaterlande das schwere Opfer des zweijährigen Militärdienstes bringt, der an den Körper scharfe Anforderungen stellt, nach Überwindung dieser Anstrengungen zwar mit Freude an sie zurückdenkt, nun aber glaubt, ihren Körper, abgesehen von der Berufsarbeit, erst einmal ausruhen lassen zu dürfen.

Bei dieser Frage haben uns zwei jüngst gemachte Erfahrungen sehr lebhaft interessiert. Zunächst fand in Dortmund vor einigen Wochen ein Fußballwettkampf zwischen einem hiesigen Klub und einer aus aktiven Matrosen bestehenden Spielmannschaft aus Wilhelmshaven statt. Sodann vernehmen wir aus Flensburg, daß dort bei einem Ausflug eines Kriegervereins zum erstenmal die neugegründete Spielabteilung sich vorgeführt habe. Das scheinen uns sehr erfreuliche Zeichen zu sein.

Sollte es nicht möglich sein, auch bei der Armee Turnspiele einzuführen? Sie müßten auch da wohl am besten so geordnet werden, daß sie nach einem Lehrkursus für diejenigen, die sie noch nicht kannten oder verlernt hatten, insofern einen freiwilligen Charakter behielten, als etwa diejenigen Mannschaften, die sich am Spiel beteiligen, von irgend welchem anderen Dienst, etwa der wöchentlichen Reinigung der Kaserne, befreit und dabei durch Reinmachefrauen ersetzt werden könnten.

Es wäre — meinen wir — ein großer Segen, wenn die Reservisten in ihre Dörfer und in die Kriegervereine aus der Armee eine rechte Jugendlust an Spiel und Sport mitbrächten.

Das Leben der Kriegervereine würde dadurch einen neuen Inhalt gewinnen; auf dem Lande könnten die jugendlichen Bauernknechte, über deren körperliche Schwerfälligkeit noch jüngst Graf Haeseler im Herrenhause geklagt hat, den Reservisten das Spielen, wenn es aus Mangel an Mitteln der Schulgemeinde auf der Schule nicht gelernt haben, spielend absehen — und wenn es soweit käme, daß die jungen Reservisten, statt im Wirtshaus zu sitzen oder sich nach den Kirmeßmusiken im Tanze zu drehen, mit den Dorfschönen auf der Wiese Tambourinball spielten, so würde das weder für die Sittlichkeit noch für die Tüchtigkeit der kommenden Generation von Nachteil sein.

In den Städten aber wird sich diese ganze zukunftsreiche Entwicklung nur dann vollziehen können, wenn viele und große Plätze von den Gemeinden für Sport und Spiel zur Verfügung gestellt werden. Das ist namentlich in Großstädten eine schwierige Aufgabe; sie muß aber erfüllt werden, wie sie z. B. in Kiel erfüllt ist, und zwar, wie der Oberbürgermeister Fuß bei der Eröffnung des IX. Kongresses für Volks- und Jugendspiele gesagt hat, „nicht um damit zu prunken, sondern aus der vollen Erkenntnis, daß eine Großstadt, die der heranwachsenden Jugend genug der Verführungen und Versuchungen bietet, doch die ernste Pflicht übernommen habe, auch ihrerseits für das leibliche Wohl ihrer Jugend zu sorgen, soviel es in ihren Kräften steht"[1].

Sehr erleichtert wird diese Aufgabe naturgemäß denjenigen Städten, die ihr städtisches Grundeigentum in der Nähe der Stadt oder wenigstens leicht erreichbar noch haben vergrößern können; sie werden vielfach Plätze auf Vorrat liegen haben, die vorläufig noch nicht anders ausgenutzt werden. Mit Recht fordert Dominicus a. a. O. S. 46, daß die Krankenkassen und die Invalidenanstalten den Städten mit ihren Mitteln das Bereitstellen von Spielplätzen erleichtern möchten. Vielleicht empfiehlt es sich auch, die Privatbodenspekulation dadurch zur Einrichtung von Spielplätzen zu bringen, daß man für Grundstücke, die als solche verwandt werden, bei der Grundsteuer nach dem gemeinen Wert Erleichterungen eintreten läßt. Der ausfallende Steuerbetrag wird leicht an zunehmender körperlicher und seelischer Gesundung der städtischen Jugend eingebracht werden.

---

[1] Nähere Angaben über die Aufwendungen deutscher Städte für Jugendspiele im Vergleich zu englischen und amerikanischen findet man in dem Vortrage: „Pflege der Jugendspiele" von Stadtrat Dr. Karding in Flensburg auf dem 12. Städtetag des Schleswig-Holsteinschen Städtevereins in Altona.

Lehrlingshorte und Sonntagsheime.

Sowohl bei der Besprechung der verschiedenen Bestrebungen, die Jugend zwecks persönlicher, seelischer Beeinflussung in Jugendvereinen zu sammeln, als bei der Behandlung der Frage, inwieweit die Fortbildungsschule den Mittelpunkt der gesamten Fürsorge für die normale schulentlassene Jugend bildet und bilden kann, sind wir auf sogenannte Lehrlingshorte, auch Lehrlingsheime genannt, gestoßen, richtiger wohl als Lehrlingshorte zu bezeichnen, nämlich Veranstaltungen, die den jungen Leuten nicht ein vollständiges Heim mit Verpflegung und Wohnung, vielmehr nur einen passenden Aufenthalt und Gelegenheit zu einer zweckmäßigen Beschäftigung in dienstfreier Zeit verschaffen wollen. Derartige Veranstaltungen werden häufig als Mittel, um die jungen Leute zum Eintritt in die Vereine zu bewegen, genannt; sie erscheinen oftmals als Hauptzweck jener Vereine; ja, wir haben öfters sogar den Eindruck, daß ein besonderer Jugendverein oder Jugendklub eigentlich nur zu dem Zwecke gegründet wurde, um den jungen Leuten den Besuch des Lehrlingshorts lieber zu machen.

Inwieweit die konfessionellen Jugendvereine gerade derartige Veranstaltungen getroffen haben, das ist aus den Referaten von Drammer und Fritsch im Heft 19 und von Pieper und Fritsch im Heft 21 der Schriften der Zentralstelle für Arbeiterwohlfahrtseinrichtungen zu ersehen. Dort ist auch (XXI, S. 88 ff. u. S. 129 ff.) das Leben in solchen Lehrlingshorten beschrieben worden. Auf unsere Rundfrage haben wir aus folgenden Städten die Nachricht erhalten, daß es dort Lehrlingsheime zum Aufenthalt in den Freistunden, von katholischen Vereinen veranstaltet, gebe:

Augsburg, Breslau, Buer in Westfalen, Erlangen, Gmünd, Köln, Koblenz, Halle an der Saale, Landshut, Mainz, Mannheim, Paderborn, Rastatt, Regensburg, Sagan, Schweinfurt, Trier.

Über solche evangelische Lehrlingshorte wird berichtet aus:

Altenburg, Augsburg, Barmen, Bayreuth, Bernburg, Dessau, Erlangen, Halle, Hannover, Köln, Köthen, Langendreer, Mainz, Mannheim, Meißen, Nauheim, Sagan, Siegen, Schweinfurt und Stuttgart.

In Fürth besteht ein von einem Pfarrer geleitetes Lehrlingsheim, es ist aber nicht ersichtlich, welcher Konfession der Pfarrer angehört.

Leider haben wir Drucksachen über die konfessionellen Lehrlingshorte nur sehr spärlich erhalten und können daher z. B. über die Frequenz der Horte nicht viele Angaben machen. Es wäre wünschenswert, wenn die Jahresversammlung uns darüber mündliche Nachrichten brächte.

Nun gibt es aber außer den von Jugendvereinen oder im Anschluß an Fortbildungsschulen gegründeten Lehrlingshorten noch mancherlei derartige Veranstaltungen mit anderen Trägern.

Fritsch berichtet 1901 (a. a. O. XXI, S. 159) über einen Lehrlingshort der Handwerkerlehrlinge in Kiel, der im Jahre 1894 gegründet, nur Sonntags geöffnet und dessen Teilnehmerzahl von 200 auf 400 gestiegen und dann wieder auf 100 gesunken sei und über einen ähnlichen Hort in

Flensburg, der außer am Sonntag auch noch an einem Abend in der Woche den Lehrlingen Unterhaltung biete, die aber beide nur während des Winterhalbjahres in Tätigkeit seien.

Nach der Antwort auf unseren Fragebogen besteht in Kiel jetzt ein Jugendheim, das von einem Professor, einem Pastor, einem Direktor?, einem Rektor, einem Kaufmann und einem Lehrer geleitet wird.

Über die Flensburger Veranstaltung ist uns aus eigener Erfahrung folgendes bekannt:

Das Lehrlingsheim existiert in seiner ursprünglichen Gestalt nicht mehr. Es war die Veranstaltung eines Vereins Arbeiterbund, wurde von einem Volksschullehrer geleitet und von der Stadt unterstützt. Es fand schließlich aber nur sehr geringen Besuch. Die Innungen brachten ihm wenig Interesse entgegen, wohl weil es eine Einrichtung eines ihnen fremden Vereins war, kamen aber auch nicht zur Gründung eines eigenen Heims. Den sozialdemokratisch gesinnten Arbeitern war das Heim unsympathisch, weil der Verein Arbeiterbund politisch ihr Gegner ist.

Außer diesem Lehrlingsheim hat früher in Flensburg ein besonderes für Kaufmannslehrlinge bestanden, hat aber bald, wie wir meinen, wegen mangelnder Aufrechterhaltung der Ordnung in ihm, wieder eingehen müssen. Im Jahre 1907 ist, wie wir oben berichteten, von der Fortbildungsschule ein Lehrlingsheim ins Leben gerufen, über dessen Wirken vielleicht die Jahresversammlung Nachricht bringt.

Aus Altenburg erfahren wir, daß dort neben dem Heim des Jünglingsvereins, das Sommers und Winters, und zwar Sonntags von 4 Uhr an und in der Woche abends von 8 Uhr an geöffnet ist, ein von Handwerksmeistern geleitetes Lehrlingsheim besteht, das nur im Winterhalbjahr, und zwar nur Sonntags von 3—9 Uhr geöffnet ist und unter Aufsicht eines ständig angestellten Gehilfen der Lesehalle steht. Die Handwerksmeister wechseln sich ab.

In Danzig wird ein Lehrlingsheim der Handwerkskammer von dem Direktor der Handels- und Gewerbeschule auf Kosten der Handwerkskammer in der Westpreußischen Gewerbehalle geleitet.

In Gera gibt es ein von der Handwerkskammer eingerichtetes Lehrlingsheim, in Gumbinnen ein solches unter Leitung des Innungsausschusses mit Unterstützung seitens der Stadt durch baren Zuschuß und Hergabe des Lokals, und in Neunkirchen, Bezirk Trier, ein Lehrlingsheim, unterhalten von den vereinigten Innungen. Leiter ist ein Lehrer der Fortbildungsschule, Versammlung nur am Sonntag nachmittag.

In Halberstadt besteht ein Sonntagsheim der Handwerkslehrlinge und daneben ein kaufmännisches Lehrlingsheim.

Jenes ist eine Veranstaltung der Handwerksmeister, welche ihre Lehrlinge an dem Sonntagsheim teilnehmen lassen wollen; Zugehörigkeit zu einer Innung ist nicht erforderlich. Der Vorstand besteht aus mindestens 12 Personen. Von diesen sind ein Mitglied des Magistrats und die Obermeister derjenigen Innungen, welche einen Beitrag zu der ersten Einrichtung geliefert haben, ohne weiteres Mitglieder. Die übrigen werden von der

Versammlung der Handwerksmeister gewählt, die einmal im Jahre zusammentritt, um außerdem Jahresrechnung und Haushaltsplan zu erledigen. Das Heim ist an jedem Sonn- und Feiertag von 3—10 geöffnet. Es wird dann abwechselnd von einem Vorstandsmitglied überwacht; zu dessen Unterstützung und zur Aufsicht über das Inventar wählen die Teilnehmer aus den im letzten Lehrjahre stehenden jungen Leuten einen Ausschuß von fünf Mitgliedern. Die Kosten werden aufgebracht durch Beiträge der Teilnehmer, der Lehrherren, der Innungen, freiwillige Zuwendungen und einen Zuschuß der Stadt Halberstadt. Für jeden Lehrling ist ein Jahresbeitrag von 1 Mark zu entrichten.

Das kaufmännische Lehrlingsheim wird von einem Verein getragen, dessen Mitgliedschaft jeder selbständige Kaufmann sowie jede eingetragene Firma durch Zahlung eines Jahresbeitrages von mindestens 2 Mark erwerben kann.

Dem Vorstande gehören außer sechs von der Mitgliederversammlung zu wählenden als ständige Mitglieder ein Vertreter der Handelskammer und der Leiter der kaufmännischen Fortbildungsschule an.

Das Heim ist in der Regel nur an Sonn- und Festtagen von 3 bis 9½ Uhr geöffnet. Es wird von einem vom Vorstand zu wählenden Leiter überwacht und dieser dabei durch einen achtköpfigen, von den Lehrlingen selbst gewählten Ausschusse unterstützt.

„Mitglied des Heims kann jeder in H. angestellte, kaufmännische Lehrling von tadelloser Führung mit Einwilligung seines Lehrherrn werden, wenn er sich verpflichtet, die Ordnung des Heims zu befolgen und vierteljährlich 50 Pf. an die Kasse des Lehrlingsheims abzuführen.

Diese sollen nicht als Mittel des Vereins betrachtet werden und nicht der alleinigen Verfügung des Vereinsvorstandes unterstehen. Sie sind vielmehr nur für gemeinsame Veranstaltungen unter Zustimmung des Ausschusses des Lehrlingsheims zu verwenden.

Die Mittel des Vereins setzen sich zusammen aus regelmäßigen Beiträgen seiner Mitglieder sowie sonstigen freiwilligen Zuwendungen."

Je ein kaufmännisches und ein Handwerkerlehrlingsheim gibt es auch in Insterburg, jenes vom kaufmännischen Verein, dieses von der Stadt, den Innungen, dem Handwerker- und Gewerbeverein und dem Vorschußverein getragen.

Von der Handelskammer und der Handwerkskammer wird ein Lehrlingsheim in Braunschweig betrieben, ein Lehrlingsheim für Kaufmannslehrlinge besteht in Breslau, ein solches unter der Leitung eines Lehrers in Koburg, in Eisenach ein Lehrlingsheim für Handelslehrlinge, desgleichen in Erlangen, in Freiberg in Sachsen und in Gießen, hier getragen vom kaufmännischen Verein und geleitet von Lehrern. Ebenso liegt die Sache in Halle an der Saale. In Lübeck unterhält die Handelskammer ein Lehrlingsheim für Handlungslehrlinge, in Posen der Verein junger Kaufleute. Zur Aufnahme in das Heim sind alle Kaufmannslehrlinge der Stadt Posen berechtigt, die bei einem Mitgliede des Vereins junger Kaufleute in der Lehre sind, die Leitung hat ein Mittelschullehrer. In Rathenow unterhält der kaufmännische Verein bei der Fortbildungsschule im Winter abends ein Lehrlingsheim unter Leitung eines Lehrers.

Fürsorge für die normale, volksschulentlassene, männliche, städtische Jugend. 55

Über Lehrlingsheime, die nicht speziell für Handwerks= oder Kaufmanns=lehrlinge bestimmt sind, hören wir aus folgenden Städten:

In Altona besteht ein Verein „Lehrlingsheim", der außer dem eigent=lichen Heim auch Ausflüge, Turnen usw. betreibt;

in Bielefeld besteht ein Jugendheim nur für Sonntags;

in Breslau ein Jugendheim für die Sonntagnachmittage von 3—9 Uhr, unterstützt aus Mitteln der Stadt;

in Darmstadt ein Lehrlingsheim;

in Erfurt ein Jugendheim, zu dem die Stadt einen die Kosten fast ganz deckenden Zuschuß zahlt. Aus dem Bericht des Gewerberats für 1902 erfahren wir, daß das Jugendheim in diesem Jahre gegründet wurde, daß es damals an Sonntagnachmittagen von 3—8 Uhr geöffnet war, jedesmal mit einer Andacht eröffnet und von 150—200 Lehrlingen und jungen Kauf=leuten besucht wurde.

In Freiberg besteht außer dem kaufmännischen Lehrlingsheim noch ein „Feierabend des Vereins für Volkswohl";

in Gotha ein Lehrlingsheim für die freie Zeit der Lehrlinge am Sonntagnachmittage; Träger: die Gemeinnützige Gesellschaft, die Innungen, die Stadt und die Staatsregierung. Die Leiter sind Lehrer neben einem Lehrlingsausschuß.

In Hannover bestehen außer beim Christlichen Verein junger Männer und beim Jünglingsverein und neben einem kaufmännischen Lehrlingsheim noch solche bei vier Jugendvereinen und besteht ferner ein „Lehrlingsheim" schlechthin.

Aus Hohensalza wird uns geschrieben:

„Es ist ein Lehrlingsheim mit einer Bibliothek vorhanden. Dasselbe ist in den Wintermonaten an den Sonntagnachmittagen den Lehrlingen geöffnet. In einem Nebenraume befindet sich stets ein Lehrer.

In Neumünster besteht ein Lehrlingsheim, veranstaltet von einem Verein, unterhalten von der Stadt. Es gibt gedruckte Jahresberichte.

In Pirna existiert ein Lehrlingsheim für die Sonntagnachmittage unter einem „besonderen Ausschusse".

In Regensburg bestehen neben dem erwähnten katholischen zwei städtische Lehrlingsheime, welche von Lehrern geleitet werden.

In Weimar besteht ein Lehrlingsheim für die Sonntagsnachmittage während des Winters, eingerichtet und geleitet vom Gewerbeverein, und in Wismar ein Sonntag von 4—10 Uhr geöffnetes, getragen von Privat=personen, nämlich Geistlichen, Lehrern und Handwerksmeistern und geleitet von Lehrern.

Aus den Jahresberichten der preußischen Gewerberäte für 1907, S. 256, erfahren wir, daß in einer großen Zahl von Städten in Schleswig=Holstein Lehrlingsheime bestehen, „die der männlichen Jugend namentlich an Sonn=tagen Gelegenheit zum Aufenthalt, zu guter Lektüre, zum Briefschreiben und zu gesellschaftlichen Spielen bieten".

Die Lehrlingsheime werden hier als bewährte Maßnahme zur Be=kämpfung des Alkoholgenusses gerühmt. —

Ferner wird in den Berichten der Gewerberäte für 1901 berichtet, daß die Stadt Osterode ein Jugendheim gegründet hat, das sich großer Beliebtheit erfreue,

1903, daß in Stettin ein Lehrlingsheim für Handwerkslehrlinge errichtet sei, das von zwei Lehrern und zwei Handwerksmeistern beaufsichtigt werde und dessen Besuch gut sei,

1904, daß sich das Stettiner Lehrlingsheim eines guten Zuspruchs erfreue, daß in Bromberg, Schneidemühl, Schönlanke und Nakel,

1905, daß in Tremessen ein Lehrlingsheim gegründet sei und daß in der staatlichen Fortbildungs=, Fach= und Haushaltschule in Kolmar eine entsprechende Einrichtung bestehe. —

Endlich finden wir in der Denkschrift der Regierung zu Oppeln „Kulturelle Wohlfahrtspflege in Oberschlesien", verfaßt von Oberregierungsrat Dr. Küster, Kattowitz 1907, die Notiz (S. 56), daß zur Anregung und Unterstützung der schulentlassenen Jugend an den freien Sonntagen durch Lektüre, Gesang, Vorträge, sowie durch Jugendspiele im Kreise Beuthen und im Schulinspektionsbezirk Hultschin, Kreis Ratibor, ferner in Zabrze und Tarnowitz verschiedentlich Jugendheime eingerichtet sind. Am 1. Dezember 1905 bestanden neben 7 Mädchenheimen 23 Jünglings= bzw. Jugendheime; die Leitung lag in den Händen von Lehrern und Lehrerinnen.

Was von Arbeitgebern unterhaltene Lehrlinghorte betrifft, so berichtet Albrecht im 21. Bande der Schriften der Zentralstelle über eine derartige Einrichtung bei Bolle (S. 9) und Kolb beschreibt daselbst S. 41 ff. ausführlich das Leben im Jugendheimsaal der Württembergischen Metallwarenfabrik in Geislingen. Auf unseren Fragebogen haben wir nur noch aus Zabrze die Nachricht erhalten, daß die Donnersmarckhütte ein Lehrlingsheim zum Aufenthalt in den Freistunden betreibt und auch in den Berichten der preußischen Gewerberäte seit 1901 findet sich über solche Lehrlingshorte nur im Jahre 1904 die Nachricht, daß im Regierungsbezirk Oppeln verschiedene Hüttenwerke (Namen werden nicht genannt) Jugend= und Sonntagsheime gegründet haben.

Im Jahre 1907 wird berichtet, daß die Elberfelder Farbenfabriken in Leverkusen ein Arbeitererholungshaus errichtet haben, welches aus Aufenthaltsräumen, Lese= und Billardzimmer, Kegelbahn, Turnhalle und Garten besteht. Die Turnhalle soll auch zur Abhaltung von belehrenden, unterhaltenden und musikalischen Vorträgen dienen; Trinkzwang besteht dabei nicht. Es ist zu hoffen, daß eine derartige Einrichtung in erster Linie auch den Jugendlichen zunutze kommt; als ein eigentlicher Lehrlingshort kann es wohl nicht registriert werden.

Ob etwa in anderen Bundesstaaten in Städten unter 20 000 Einwohnern, die nicht Mitglieder unseres Vereins sind, oder auf dem Lande solche von industriellen Werken unterhaltene Horte bestehen, ist uns nicht bekannt geworden.

Wenn man nach den Gründen für das seltene Vorkommen von Lehrlingshorten bei industriellen Unternehmungen sucht, so werden auch wohl heute noch vielfach diejenigen maßgebend sein, die Kolb im Jahre 1901 auf seine Anfrage bei süddeutschen Fabriken angegeben worden sind: ent-

Fürsorge für die normale, volksschulentlassene, männliche, städtische Jugend. 57

weder wohnen die Lehrlinge bei ihren Eltern, die selbst in vielen Fällen auf der Fabrik arbeiten, oder es bestehen konfessionelle Horte, oder es bestehen spezielle Fabrikvereine zur Pflege des Gesangs oder des Turnens, oder es ist ein Hort wieder eingegangen, weil die jungen Leute die zur Aufrechterhaltung von Ruhe und Ordnung notwendige Aufsicht nicht leiden mochten.

Der erste der angegebenen Gründe befremdet zunächst, da man ohne weiteres geneigt ist, anzunehmen, es müsse allenthalben ein großer Teil der Lehrlinge des Familienanschlusses bei Eltern, Verwandten oder Meister entbehren. Daß dem aber nicht so ist, wird auch für das Handwerk bestätigt durch das überraschende Resultat der Erhebung über die Wirkungen des Handwerkergesetzes von 1897, veranstaltet Anfang 1905 und bearbeitet im Kaiserlichen Statistischen Amt, Abteilung für Arbeiterstatistik (Berlin 1908, Karl Heymanns Verlag). Danach ist (S. 49*) die Zahl derjenigen Lehrlinge, welche weder bei dem Meister, noch bei Eltern oder Verwandten ihre Wohnung hatten, eine verhältnismäßig sehr geringe. Es hatten nämlich von 264 361 Lehrlingen, die am 25. Oktober 1904 bei Innungsmitgliedern im Deutschen Reiche in der Lehre standen, 173 128 oder 65,5 % Wohnung und Kost beim Meister, 82 229 oder 31,1 % Wohnung bei den Eltern oder bei Verwandten und nur der Rest oder 3,6 % verteilt sich auf solche, die nur Wohnung oder nur Kost beim Meister oder Schlafstelle bei Fremden hatten oder über die keine Angaben vorlagen. Wohnung und Kost beim Meister ist zwar in größeren Orten seltener als in kleineren, dafür Unterkunft bei Eltern oder Verwandten dort häufiger als hier, so daß im ganzen in den verschiedenen Ortsgrößenklassen nur folgende Prozentsätze von Lehrlingen weder Wohnung und Kost beim Meister, noch Wohnung bei Eltern oder Verwandten hatten:

In Städten mit Einwohnern	Bei freien Innungen	bei Zwangsinnungen
100 000 und mehr	3,6 %	1,7 %
20 000—100 000	3,0 %	1,7 %
5 000— 20 000	1,9 %	0,7 %
2 000— 5 000	1,1 %	0,2 %
— 2 000	0,1 %	2,1 %

(Siehe a. a. O. S. 135.)

Nun darf man zwar aus diesen Zahlen nicht ohne weiteres schließen, daß für nur eine geringe Zahl von Jugendlichen die Errichtung von Lehrlingshorten erwünscht sei, denn man kann nicht behaupten, daß jeder Jugendliche, der entweder bei seinen Eltern oder Verwandten oder bei seinem Meister wohnt, deshalb schon einen passenden Ort und passende Gelegenheit hätte, seine Freistunden, besonders an regnerischen Sonntagnachmittagen, zweckmäßig zu verbringen. Es hat dieses aber eine viel größere Zahl als man denkt, und seinen Sonntagnachmittag in einer ordentlichen Familie zu verbringen, das schätzt z. B. unser Herr Mitberichterstatter mit Recht höher selbst als den Besuch eines solchen „Lehrlingshorts", wie er ihn leitet, es muß jedenfalls auch den Vorzug verdienen vor dem Aufenthalt in einem

Lehrlingshort, der nur Gelegenheit zu nützlicher Beschäftigung und Spiel bietet. —

Was spezielle Fabrikvereine zur Pflege des Gesangs, der Musik oder des Turnens betrifft, so haben wir, abgesehen von den bei Albrecht und Kolb (Schriften der Zentralstelle XXI, S. 8 ff. und S. 59 ff.) beschriebenen Veranstaltungen von Villeroy & Boch (Turnen und Singen), der Wächtersbacher Steingutfabrik in Schlierbach (obligat. Turnen, fakult. Musikunterricht), von Wuppermann in Pinneberg (Turnhalle), Spindler (Turnverein mit Lehrlingsabteilung), Dr. Heinrich Traun in Hamburg und Harburg (oblig. Turnen), Cornelius Heyl in Worms und W. Fitzner in Laurahüttte (oblig. Singen), Bolle in Berlin (Bläser- und Trommlerkorps), der Spinnerei am Stadtbach in Augsburg (Musikschule), M. Droßbach & Co. in Bäumenheim (Gesangverein und Turnverein mit Jugendriege) und Lorenz in Ettlingen (Musikschule) — durch unseren Fragebogen noch folgendes erfahren:

In Fulda und in Hagen bestehen im Anschluß an gewerbliche Unternehmungen Gesang-, Turn- und Spielvereine, die von älteren Jugendlichen selbst oder von Beamten geleitet werden. — Desgleichen bei der Kaiserlichen Werft in Danzig; bei Altenessen hat eine größere Zeche (Namen wird nicht genannt) und in Witten hat die Eisenbahnhauptwerkstatt einen großen Turn- und Spielplatz für Jugendliche eingerichtet, in Hannover haben die Continental Caoutchouc- und Guttapercha-Compagnie und die Döhrener Wollwäscherei und -Kämmerei für die jungen Arbeiter Turnvereine gebildet, die von Werkbeamten geleitet werden. Fabrikgesangvereine bestehen in Cleve bei dem van den Berghschen Margarinewerk, in Arnsberg bei der Eisenbahnhauptwerkstatt und der Firma Cosack, von Schenk & Co., in Ohligs bei verschiedenen nichtgenannten Fabriken und in Zabrze bei der Donnersmarckhütte.

Ob es sich empfiehlt, Lehrlingshorte, und zwar der einen oder der anderen der von uns aufgezählten Arten zu begründen, muß natürlich ganz nach den Verhältnissen der einzelnen Orte beurteilt werden. Kolb (a. a. O. S. 27) kommt für Fabriken zu dem Resultat:

„An Orten, wo Jünglingsvereine und sonstige Lehrlingssonntagsheime ausreichend vorhanden sind und von den jungen Leuten in der großen Mehrzahl besucht werden, mag die Bedürfnisfrage eigener Veranstaltungen seitens der Fabriken verneint werden. Wo dieses aber nicht voll und ganz zutrifft, da wird der Arbeitgeber ein Bedürfnis leicht herausfühlen und einen günstigen Einfluß auf die Jugend ausüben können, wenn dieselbe wenigstens im Winter zur Unterhaltung und Belehrung gesammelt wird und mancherlei Anregungen auf sittlich-religiösem Gebiet erhält."

Aber auch abgesehen von Jünglingsvereinen, Turn- und Gesangvereinen sind den Nurlehrlingshorten heute manche erfolgreiche Konkurrenten erwachsen: zunächst die Jugendklubs und die Veranstaltungen im Anschluß an Fortbildungsschulen. Sodann kann aber auch eine öffentliche Bibliothek und ein öffentlicher Lesesaal schon manchem statt eines Lehrlingshorts über den Regensonntagnachmittag in zweckmäßiger Weise hinweghelfen.

Fürsorge für die normale, volksschulentlassene, männliche, städtische Jugend. 59

Wer Freude am Lesen hat, für den wird sich leicht ein gutes Buch in einer öffentlichen Bibliothek unentgeltlich und ein Plätzchen entweder in seinem Elternhause, seinem Logis oder etwa auch bei einem weitläufiger logierten gleichgesinnten Freunde finden, und das Lesen zu Hause ist schließlich wohl noch erspriesslicher, weil ungestörter, als das im Lehrlingshort, und man kann sogar, wenn man Lust hat, seinen Angehörigen vorlesen. Wenn man nur bei gutem Wetter immer draussen ist, dann kann man ohne Schaden für seine Gesundheit einen regnerischen Sonntagnachmittag auch einmal im kleinen Kämmerlein lesend bei einem guten Buche verbringen. Wer so aber nicht lesen kann, dem wird heute schon vielerorts in öffentlichen Lesesälen dazu Gelegenheit gegeben[1].

[1] Die Statistik über die in Deutschland vorhandenen Volksbibliotheken ist bisher noch eine unvollkommene. Nach den Antworten auf unsern Fragebogen bestehen öffentliche städtische (Volks-) Bibliotheken in folgenden 180 von 260 antwortenden Städten:
(L. bedeutet Lesesaal, J. Jugendabteilung) Aachen L., Allenstein, Altenburg L., Altenessen (27325 Bde.), Anklam, Altona L., Apolda, Arnsberg, Arnstadt L., Aschersleben, Augsburg L., Baden-Baden L., Bamberg, Barmen, Berlin L., Bernburg L., Beuthen L., Bielefeld L., Bochum L. (2290 Bde.), Borbeck, Braunschweig, Bremen, Bremerhaven L., Breslau (6, 3 L.), Bromberg, Charlottenburg (3200 Bde.), Chemnitz L., Coblenz, Cöln L., Cöthen L., Colmar L., Crefeld L. (12000 Bde.), Danzig, Darmstadt L., Düsseldorf (4, 3 L.), Duisburg L., Eickel, Eilenburg, Eisleben, Elberfeld, Erfurt L., Erlangen L., Eschweiler, Essen, Flensburg, Forst, Frankfurt a. M., Frankfurt a. O. L., Freiberg J., Fulda, Gera, Giessen L., Glauchau L., Gleiwitz (3, 1 L.), Görlitz L., Gotha L. (5000 Bde.), Graudenz, Greiz, Grünberg L., Guben, Gumbinnen (2 L.), Hagen L., Halle, Hamburg, Hanau, Hannover, Heilbronn, Herford, Herne, Hildesheim L., Hörde (6000 Bde.), Hof, Hohensalza J., Jauer L., Jena, Insterburg, St. Johann L., Kalct, Kettwig, Königsberg (3, 1 L.), Königshütte (2 J. L.), Kolberg J., Konstanz L., Kreuznach L., Landsberg L., Landshut, Langendreer J. (1100 Bde.), Lehe, Lennep (1296 Bde.), Lichtenberg, Gr. Lichterfelde (2), Liegnitz, Linden, Lübeck L., Lüdenscheid L., Lüneburg L., Magdeburg L., Mainz L., Mannheim L., Marburg, Markirch, Meerane, Meiningen L., Meissen L., Merseburg, Metz L., Minden L., Mühlhausen i. Th., Mülhausen i. E., Mülheim a. d. Ruhr, M.-Gladbach (3, 1 J.), München L., Münster L., Nauen, Naumburg L., Neisse L., Neumünster (12000 Bde.), Neuwied, Nordhausen, Nürnberg, Oberhausen, Offenbach L., Offenburg L., Ohligs, Oppeln (2600 Bde.), Osnabrück, Pankow, Pforzheim L., Pirmasens, Pirna, Plauen, Posen L., Potsdam L., Prenzlau, Quedlinburg, Ratibor, Rawitsch J., Regensburg, Reichenbach, Reinickendorf (2), Remscheid L., Reutlingen L., Rheydt L., Rixdorf L., Rosslau, Sangerhausen, Schmölln, Schönebeck, Schöneberg L., Schweidnitz L., Schweinfurt, Soest, Sorau, Spandau L., Stargard J., Steglitz L., Sterkrade, Stolp, Strassburg, Straubing, Stuttgart L., Tilsit L., Trier, Viersen, Wald, Wanne, Weissenfels, Wilhelmsburg, Wismar, Wittenberg, Wittenberge L., Worms L., Zabrze, Zerbst L.

In vielen von diesen Städten bestehen ausserdem noch mannigfache Vereinsbibliotheken; ferner in 40 Städten nur Vereins- oder Werksbibliotheken, so dass von den 260 Städten nur 40 keine Bibliothek haben.

Ältere Verzeichnisse von Bibliotheken finden sich in den Schriften:
1. Freie öffentliche Bibliotheken, Volksbibliotheken, und Lesehallen von Dr. Ernst Schultze, Stettin 1900, bei Danneburg & Co.
2. Öffentliche Bibliotheken und Lesehallen von Dr. Gustav Tenius. Im 10., 11. u. 12. Jahrgang des statistischen Jahrbuchs deutscher Städte, und
3. ein jährlich erneuertes Verzeichnis grösserer Bibliotheken, im Jahrbuch der deutschen Bibliotheken, herausgegeben vom Verein deutscher Bibliothekare.

In vielen Lehrlingshorten wird auch **Handfertigkeit**, Sägen, Schnitzen betrieben bzw. darin unterrichtet, und es ist gewiß richtig, daß sich viele usw. junge Leute, die für Lesen kein Interesse haben, gern derartig beschäftigen. Aber auch für diese Beschäftigung ist kein gemeinsamer Versammlungsort, vielmehr nur ein bescheidenes Plätzchen erforderlich, das sich für den, der sägen oder schnitzen will, oft sicherlich auch in seinem Logis findet, besonders, wenn er seinen Eltern oder seiner Meisterin oder auch seiner Logiswirtin zuweilen etwas Hübsches aussägt oder schnitzt. Man muß dann allerdings sägen oder schnitzen oder dgl. mehr schon **können**. Es zu lernen bietet sich aber mehr und mehr Gelegenheit. Nach einer Zusammenstellung von Gaertig in den Blättern für Knabenhandarbeit XIV, S. 25 ff. gab es schon 1900 in Deutschland 586 Anstalten, die Knabenhandarbeit betrieben. Von den 260 Städten, die unseren Fragebogen beantwortet haben, findet sich in 112 für normale Volksschüler, also nicht nur für Hilfsschüler, Gelegenheit, Handfertigkeit zu erlernen, nämlich in Aachen, Allenstein, Altona, Altenessen, Anklam, Apolda, Baden-Baden, Berlin, Bielefeld, Brandenburg, Bremen, Bremerhaven, Breslau, Bromberg, Charlottenburg, Chemnitz, Danzig, Darmstadt, Dessau, Dortmund, Dresden, Düsseldorf, Eberswalde, Elberfeld, Eisleben, Essen, Flensburg, Freiberg, Fürstenwalde, Fürth, Gießen, M.-Gladbach, Glauchau, Gleiwitz, Glogau, Göppingen, Görlitz, Gotha, Graudenz, Greiz, Grünberg, Halle, Hamburg, Hannover, Harburg, Herford, Hildesheim, Hörde, Jena, Ingolstadt, St. Johann, Kalck, Karlsruhe, Kattowitz, Kleve, Köln, Köthen, Königsberg, Königshütte, Koblenz, Koburg, Kolberg, Konstanz, Kreuznach, Landshut, Lennep, Groß-Lichterfelde, Liegnitz, Linden, Lübeck, Lüdenscheid, Lüneburg, Magdeburg, Malstatt-Burbach, Mannheim, Meiningen, Metz, Mülhausen i. E., Mülheim a. Rhein, Mülheim a. d. Ruhr, München, Nauen, Naumburg, Neuß, Neumünster, Neunkirchen, Neuwied, Osnabrück, Pirna, Posen, Pforzheim, Rawitsch, Regensburg, Reichenbach, Rheydt, Reutlingen, Roßlau, Saarbrücken, Schöneberg, Schweidnitz, Siegen, Spandau, Stolp, Straßburg, Stuttgart, Thorn, Tilsit, Trier, Wandsbeck, Weimar, Witten, Worms, Zabrze, Zittau, Zwickau.

Der Unterricht wird teils fakultativ im Anschluß an die Volksschulen, teils durch besondere Vereine, teils in den sogenannten Knabenhorten, in Rheydt und Metz im Anschluß an die Fortbildungsschule betrieben.

Der Deutsche Verein für Knabenhandarbeit hat vom 10—13. Juli 1908 in den Saarstädten getagt; dort hat u. a. der Kreisschulinspektor Schu in Saarbrücken einen Vortrag über „Die Knabenhandarbeit als Mittel der Jugendfürsorge" gehalten. Nach einer Zeitungsnotiz hebt er als Vorteile der Knabenhandarbeit die Bewahrung vor Müßiggang, Regelung des Tätigkeitsdranges, Stärkung der Willenskraft, des Selbstvertrauens und Erziehung zur Freude an der Arbeit, ferner Geschmacksbildung und Erweckung des häuslichen Sinns hervor und fordert obligatorische Einführung des Unterrichts. —

Man sollte diesen Unterricht pflegen, dabei aber immer auch solche Fertigkeiten lehren, die die Kinder später ohne großen Apparat überall betreiben können, und darauf achten, daß sie nicht durch Zwang in der Schule die Lust für später verlieren.

Wir können es nicht als unsere Aufgabe betrachten — und es ist auch wohl unmöglich — ein generelles Urteil darüber zu fällen, ob Lehrlingshorte bzw. Sonntagsheime für Schulentlassene zu errichten seien und wie. Wir haben nur zusammentragen wollen, was uns an Lehrlingshorten verschiedener Art bekannt geworden ist. Nach allem möchten wir aber glauben, daß sich in vielen Orten gegenwärtig die Begründung von „Nurlehrlingshorten" oder „Nurjugendheimen" erübrigen wird; jedenfalls möchten wir empfehlen, ehe man eine solche Einrichtung gründet, zunächst festzustellen, wie groß die Zahl der jungen Leute, die weder beim Meister oder Prinzipal, noch bei Eltern oder Verwandten wohnen, am Orte ist; sodann mache man sich klar, wie die Unterkunft der jungen Leute, und zwar aller dieser Kategorien hinsichtlich des Verbringens ihrer Mußestunden an regnerischen Sonntagnachmittagen beschaffen ist, ferner stelle man fest, ob nicht am Ort bestehende Jugendvereine das Bedürfnis decken; wenn das nicht der Fall ist, überlege man sich, ob man nicht auf die Gründung solcher Jugendvereine hinwirken soll und kann, man prüfe, ob nicht eine Volksbibliothek, tunlichst mit Lesesaal, dem Bedürfnis abhelfen kann, man suche das Interesse der Jugend für gute Lektüre und für Handfertigkeit zu wecken, und erst wenn man zu der Überzeugung kommt, daß alles dieses nicht hilft, dann wirke man je nach der Größe der Stadt und den gewerblichen Verhältnissen dahin, daß entweder bei der Fortbildungsschule oder von den Vertretungen von Handwerk, Industrie und Handel gemeinsam oder von jedem besonders oder sonstwie ein Sonntagsheim für die Jugend geschaffen werde[1].

Lehrlingsheime.

Das von uns oben mitgeteilte Resultat der Erhebung über die Wirkung des Handwerkergesetzes ist von noch größerem Interesse, als für die Frage der Lehrlingshorte für die eigentlichen Lehrlingsheime zum Schlafen, Essen und Wohnen.

Bei diesem Gegenstand der Erörterung bekundet Kolb, a. a. O. S. 41, daß das Jugendheim der württembergischen Metallwarenfabrik von durchschnittlich 10—12 jungen Leuten besucht war und wegen mangelnden Bedürfnisses im Frühjahr 1893 wieder aufgehört hat.

„Wie sich gezeigt hat, wohnen die jugendlichen Leute, die von draußen hereinkommen, lieber bei Verwandten oder Bekannten. Der hauptsächlichste Grund hierfür mag sein, daß die jungen Leute in einer Familie sich freier und unabhängiger fühlen, als in einer geschlossenen Anstalt, in der bestimmte Ordnungsvorschriften über Verhalten, Ausgehen und Nachhausekommen aufgestellt und eingehalten werden müssen."

Und er kommt für Fabriken zu dem Schlusse,
„daß die Auswahl und Empfehlung von passenden Familien und die zeitweilige Erkundigung nach der Führung der jungen Leute wie nach den Verhältnissen der

---

[1] Nach einer Notiz in Nr. 42 der Sozialen Praxis hat Prof. Dr. Stein-Frankfurt am Main in einem Vortrag auf dem hessischen Städtetag am 27. Juni 1908 den Städten empfohlen, in erster Linie die Schulen zu Erholungshäusern für die schulentlassene Jugend auszugestalten.

Kosthäuser im allgemeinen als ausreichende Fürsorge seitens der Fabriken in bezug auf die Unterkunft der jungen Leute in Kosthäusern angesehen werden könne."

Diese Überzeugung scheint auch sonst in industriellen Kreisen vorzuherrschen. Wir hören wenigstens in den mehrerwähnten Berichten der Gewerberäte seit 1901 nichts von neuen Anstalten, die speziell für die Unterbringung von Lehrlingen und jugendlichen Arbeitern bestimmt sind.

In den Referaten von 1900 und 1901 werden als solche die Veranstaltungen der Aktiengesellschaft Lauchhammer, der Spinnerei von J. D. Gruschwitz & Söhne in Neusalz, von Kübler & Niethammer in Kriebstein in Sachsen, von Villeroy & Boch in Mettlach und von Schöller, Bücklers & Co. in Düren beschrieben, in dem erwähnten Vorbericht über Ledigenheime (auf die wir hier, wie oben ausgeführt, nicht näher eingehen) von 1904 kommt, als in erster Linie auch für jugendliche Arbeiter bestimmt, das Schlafhaus von Schott und Genossen in Jena und das Ledigenheim für jugendliche Arbeiter der Kammgarnspinnerei von Johann Wülfing & Sohn in Lennep hinzu.

In diesem sind nach einer auf unsern Fragebogen eingegangenen Mitteilung zur Zeit 60 junge Männer untergebracht.

Der Fragebogen hat uns ferner Nachricht gebracht über ein von der Norddeutschen Wollkämmerei in Delmenhorst eingerichtetes „Burschenheim" für unverheiratete Arbeiter mit 50 Insassen.

Und die nicht von industriellen Werken eingerichteten Lehrlings- und Jugendheime sind auch nicht gerade häufig.

Zu den evangelischen, die Henning und Fritsch 1900 und 1901 beschreiben, nämlich dem des Jugendvereins in Stuttgart und denen in Leipzig, Augsburg, Magdeburg, Berlin, Fürth, Hannover und dem jüdischen in Pankow haben wir durch unsern Fragebogen noch folgende neu kennen gelernt:

In Metz gibt es drei Lehrlings- oder Ledigenheime. Träger sind evangelische Schwestern bzw. der Staat.

In Heilbronn besteht ein Jugendheim auch für Lehrlinge mit zirka 40 Betten.

Von Köln wird mitgeteilt, daß dort Lehrlings- oder Ledigenheime aller Konfessionen bestehen, und von Mainz, daß dort außer dem katholischen Lehrlingshaus auch eine solche Anstalt für evangelische Lehrlinge vorhanden ist.

In Karlsruhe besteht ein Jugendheim des evangelischen Vereins mit 7 und ein israelitisches Lehrlingsheim mit 15 Plätzen, dieses gegenwärtig besetzt mit 10 jungen Leuten.

Die Lehrlingsherberge des Stuttgarter Jugendvereins scheint sich immer noch eines starken Zuspruchs zu erfreuen. Das alte Haus mit 70 Plätzen wurde im Laufe des Jahres 1907 von 103 jungen Leuten benutzt und das neue Haus mit 89 Betten war stets voll besetzt. Es mußten zeitweise in beiden Häusern Leute abgewiesen werden; so groß war die Nachfrage.

In Posen gibt es ein deutsches Lehrlingsheim, unterhalten vom Evangelischen Erziehungsverein, zur Aufnahme von auswärtigen Lehrlingen, die bei Posener Handwerkern in der Lehre stehen, bei denselben aber nicht wohnen können. Pflegesatz 1 Mk. täglich. 15 Plätze.

Auf katholischer Seite werden 1901 von Pieper, a. a. O. S. 128, neben 329 Gesellenhospizen die „verhältnismäßig wenigen" Jünglings= hospize in Köln, Bocholt, Eupen, Koblenz, Mainz, Straßburg, Weiler, Frei= burg i. B., München und Augsburg erwähnt[1].

Aus Koblenz wird uns jetzt nur berichtet, daß dort im katholischen Lehrlingsheim (Lehrlingshort) einige Lehrlinge Schlafstätten haben.

Dagegen besteht jetzt auch in Stuttgart ein katholisches Lehrlingsheim und in Aachen das Lehrlingshaus der armen Brüder vom heiligen Franziskus, das sich in erster Linie an eine Schule für verwahrloste Knaben anschließt und den dort erzogenen Knaben Gelegenheit zur weiteren Fortbildung und Schutz in den gefährlichsten Jahren des Lebens gewähren soll.

In Mannheim nimmt das Knabenwaisenhaus St. Anton katholische Lehrlinge auf.

Das Lehrlingsheim des Vereins Volkswohl in Dresden wird schon von Henning 1900 gerühmt.

In Kiel ist das oben erwähnte Jugendheim anscheinend auch zum Wohnen und Schlafen bestimmt; ein der Provinzialverwaltung gehöriges Lehrlingsheim (etwa für Fürsorgezöglinge?) finden wir in Wittenberg.

In Posen besteht außer dem „deutschen" ein Lehrlingsheim der städtischen Waisenknabenanstalt, nur für Zwecke der öffentlichen Waisenpflege bestimmt.

In Kottbus besteht ein Jugendheim für 7 Personen im Anschluß an die Volksspeisehalle und in Darmstadt ein Lehrlingsheim oder Ledigenheim (?) zum Wohnen und Schlafen (nähere Angaben fehlen).

Zu der Frage, ob Lehrlingsheime zu errichten seien, nehmen die Referenten von 1900/01 folgende Stellung ein:

Henning (Band XIX S. 126) fordert:

„Damit die Schlafstellen allmählich mehr zu „Heimen" ausgestaltet werden, in denen die Schlafgänger auch abends und tagsüber weilen können und die schlechtesten Schlafstellen überflüssig werden, sollen konfessionelle und wohltätige Vereine fortfahren und bürgerliche und kirchliche Gemeinden be= ginnen, familienhaft eingerichtete Lehrlings= und Gesellenheime als Musterstätten derartiger Fürsorge zu begründen, beide aber auch Ehepaare und Witwen veranlassen, statt der Aftervermietung an einzelne Schlafgänger ‚Heime' für 6—8 Schlafgänger einzurichten."

Fritsch stellt a. a. O. (S. 106) den Leitsatz auf:

„Die Einrichtung von Lehrlingsheimen mit christlicher Hausordnung ist dort, wo die Lehrlinge nicht alle in guten Familien untergebracht werden können, unerläßlich. Hierbei ist auf strenge Durchführung des Familienprinzips zu achten, und es empfiehlt sich darum für Städte mit großer räumlicher Ausdehnung die Einrichtung kleinerer Heime in ver= schiedenen Stadtteilen."

---

[1] Auch in seinem erwähnten neuesten Werk: Jugendfürsorge und Jugend= vereine S. 267 macht P. keine weiteren Jünglingshospize namhaft.

Pieper stellt keine Leitsätze auf: er hält aber (a. a. O. S. 127) die Unterbringung der Jugendlichen in geeigneten Familien, in erster Linie bei den Eltern, sodann bei Verwandten und Bekannten für am wünschenswertesten und weist darauf hin, daß auch letzteres vielfach möglich sei: da solche Jugendliche meist auf Veranlassung von Verwandten oder Bekannten zugezogen seien. Dann folgt die Unterbringung bei den Eltern älterer Vereinsmitglieder oder sonst der Vereinsleitung als empfehlenswert bekannten Familien, zu deren Ermittlung ein Logisnachweis im Verein empfohlen wird.

Wo diese Maßregeln nicht ausreichen, hält auch Pieper die Gründung von Jugendhospizen für wünschenswert, betont aber auch als Schwierigkeiten bei ihrer Gründung sowohl die Abneigung vieler Jugendlicher, sie zu beziehen, als auch das oft vorliegende Fehlen einer genügenden Zahl junger Leute, nämlich da, wo noch die Sitte herrscht, daß die Lehrlinge bei den Meistern wohnen, oder wo die allermeisten jugendlichen Arbeiter Kinder der ansässigen Industriearbeiter sind. Er empfiehlt unter Bezugnahme auf den Vorschlag Hennigs die Gründung kleiner Familienheime und rät auch in seiner neuesten oben zitierten Schrift „Jugendfürsorge und Jugendvereine" (S. 269) ausdrücklich zur Vorsicht bei Gründung von Jugendhospizen, und, wenn eines gegründet werden müsse, dazu, es mit anderen Veranstaltungen in einem großen „katholischen Vereinshause" zusammenzubringen.

Voigt stellt in seinem zusammenfassenden Referat (a. a. O. 330) das Wohnen bei den Eltern und nahen Verwandten unter normalen Verhältnissen als die erstrebenswerteste Unterbringung von jungen Personen hin; sodann das Wohnen beim Lehrherrn, sofern es mit einer wirklichen Aufnahme des Lehrlings in die Familie verbunden ist und unter dem Vorbehalt der Notwendigkeit einer schon strengeren Kontrolle.

„Nur unter strengster Aufsicht irgendwelches Organes aber sollte das selbständige Einlogieren alleinstehender Jugendlicher in möblierten Zimmern oder in bloßen Schlafstellen stattfinden."

Auch Voigt empfiehlt dann Schlafstellennachweise, kleine Familienheime nach Hennig und schließlich Logierhäuser, und zwar diese tunlichst auf privatwirtschaftlicher und nur im Notfall auf gemeinnütziger Grundlage.

Wir möchten mit allen diesen Kennern der Sache der Meinung sein, daß jedenfalls ein Lehrling oder jugendlicher Arbeiter — von den Gesellen und erwachsenen Arbeitern wollen wir nicht sprechen — tunlichst davor bewahrt bleiben muß, sich ohne Berater bei fremden Leuten nur gegen Entgelt eine Schlafstelle zu suchen. Denn er wird häufig in einer solchen Schlafstelle kein „Heim" haben, wird häufig auch schweren sittlichen Gefahren ausgesetzt sein. Wir möchten aber auch fast glauben, daß sich in den allermeisten Fällen für den Jugendlichen ein passendes Unterkommen wird finden lassen, ohne daß ein besonderes Lehrlingsheim errichtet zu werden braucht.

Im Handwerk ist, wie wir sehen, die Zahl der Unterzubringenden eine verhältnismäßig geringe und in der Industrie wird es vielfach nicht anders sein, wenn uns darüber auch allgemeine statistische Übersichten nicht bekannt geworden sind. Eine vor einigen Jahren in Flensburg, wo eine große

Schiffbauanstalt, mehrere bedeutende Eisengießereien, eine Glashütte und eine Papierfabrik bestehen, gehaltene Umfrage ergab ein der Erhebung für das Handwerk entsprechendes Resultat. Wenn auch für den Fabriklehrling und jugendlichen Arbeiter die Unterkunft beim Lehrherrn meist ganz fortfällt, so wird es hier um so häufiger sein, was Kolb als Regel hinstellt, daß die jungen Leute bei ihren Eltern oder Verwandten wohnen; nicht nur, weil die Fabriken vielfach die Söhne ihrer Arbeiter als Lehrlinge einstellen, sondern auch, weil oft gerade diejenigen jungen Leute als jugendliche Arbeiter in Fabriken eintreten, deren Eltern es zu teuer ist, sie ein Handwerk lernen zu lassen, die vielmehr die Söhne deswegen bei sich behalten, um von ihrem hier früher eintretenden Verdienst im gemeinsamen Haushalt Vorteil zu haben. Der Fall, daß eine Familie ihren soeben aus der Schule entlassenen Sohn allein die Landflucht in die große Stadt ohne jede verwandte oder bekannte Familie darin antreten läßt, wird in der Tat nicht so sehr häufig sein.

Wer aber will einen jungen Menschen, selbst wenn seine Unterkunft bei seinen Eltern oder seinen Verwandten nur dürftig ist, vorausgesetzt, daß gegen diese nichts vorliegt, veranlassen, von ihnen fort und in ein Jugendheim zu ziehen?

Über die Unterkunft beim Lehrherrn führen die Innungen und führt eventuell die Handwerkskammer die Aufsicht. Wir möchten darauf hinweisen, daß in normalen Fällen außerdem, und zwar in erster Linie, Eltern und Vormünder, und in anormalen etwa Erziehungsbeiräte diese Aufsicht führen werden; zu der Innungsaufsicht aber möchten wir die Frage aufwerfen, ob sie nicht oft aus einem gewissen kollegialen Gefühl heraus von den Beauftragten zu gelinde ausgeübt wird; wenn die Forderung, auch die Handwerksbetriebe der Aufsicht der Gewerberäte zu unterstellen, erfüllt würde, so wäre das allerdings ein Eingriff in die Selbstverwaltung der Innungen, es läge aber vielleicht doch im Interesse der Lehrlinge sowohl wie der Meister. —

Die segensreiche Wirkung von Wohnungsinspektion und gemeinnützigen Schlafstellennachweisen können wir hier nur andeuten; sie werden mit Erfolg und um die Wette mit den erwähnten Vereinsbestrebungen dazu beitragen können, für Jugendliche ohne Familienanschluß passende Kosthäuser zu suchen.

Wo sich aber wirklich ein Bedürfnis, ein Lehrlingsheim zu begründen, herausstellt, da möchten auch wir in erster Linie empfehlen, darauf hinzuwirken, daß geeignete Privatpersonen so viele Lehrlinge, daß es sich lohnt sie zu logieren, bei sich aufnehmen, und möchten mit Pieper, wenn ein Jugendheim gegründet werden muß, seine Verbindung mit anderen Instituten für zweckmäßig halten. Als solche Institute können außer den verschiedenen Vereinshäusern auch z. B. Waisenhäuser wie in Mannheim und Posen oder Volksspeisehäuser wie in Kottbus in Frage kommen.

Fürsorge für die schulentlassene Jugend.

Mitbericht

von

Pastor Clemens Schultz, Hamburg-St. Pauli.

Der langjährige, hochverdiente Präses der Hamburger Armenverwaltung, der verstorbene Herr Bürgermeister Dr. Hachmann, sagte mir einmal: „Alle Arbeit an den Armen in unserem Volke muß prophylaktisch, d. i. vorbeugend sein, wenn sie Segen bringen soll. Wo sie das nicht ist und nicht sein kann, ist sie ein totes Kapital, das keine Zinsen bringt." — Als ich Kandidat geworden war, wurde ich — vor nunmehr 14 Jahren — in unsere Armenpflege berufen. Ein Freund von mir, ein Geistlicher, war der Bezirksvorsteher. Er wollte mir die Art der Arbeit, wie sie durch Dr. Münsterberg in Hamburg eingerichtet war, erklären, und er gab mir die Erklärung mit dem für mich verständlichsten Ausdruck: „Der Armenpfleger soll nicht nur eine Bewilligungsmaschine sein, nicht ein Auszahler staatlich anvertrauter Gelder, sondern er soll ‚seelsorgerlich' wirken." —

Wenn diese beiden Worte gelten: prophylaktisch und seelsorgerlich, dann müssen alle Leute, die in der Armenpflege tätig sind, ihr Augenmerk auf die Jugend richten. Denn nirgends kann mehr prophylaktisch und seelsorgerlich gearbeitet werden, als an der Jugend. — Damit soll freilich keineswegs gesagt werden, daß die freiwillige Liebestätigkeit an der Jugend aufhören solle, daß sie verstaatlicht werden müsse oder gar unter die Verwaltung der Armenbehörden zu stellen sei. Wenn irgendwo freie Liebestätigkeit am Platze ist, dann bei der Jugend. Aber die Männer und Frauen, die in der öffentlichen Armenpflege stehen und also ein Herz für die soziale Entwicklung, für die sozialen Schäden und deren Abstellung haben, müssen auch ein Herz für die freie Liebestätigkeit an der Jugend haben; diese Männer und Frauen, ganz gleich in welchem bürgerlichen Beruf sie stehen, sind die gewiesenen Persönlichkeiten; sie haben mehr, als alle anderen, einen tiefen Einblick in das Leben, in seine heutigen Kämpfe und Schwierigkeiten getan, sie wissen mehr, als alle anderen, „wo unserem Volke der Schuh drückt" und das Herz schlägt. — Männer und Frauen der Armenpflege leisten nicht dadurch dem Staat einen wesentlichen Dienst, wenn sie in den einzelnen Fällen besonders sparsam sind und besonders das Interesse der Kommune im Auge haben, sondern dadurch, daß sie versuchen, Armut zu verhindern, und das kann fast ausschließlich nur geschehen durch die Arbeit — an der Jugend. Hier kann nie genug geschehen und — Gott sei es geklagt — hier ist bis jetzt noch viel zu wenig geschehen: ja man hat bis jetzt noch nicht einmal die dringende Notwendigkeit eingesehen. Mutterschutzbestrebungen, Krippen, Warteschulen, Ferienaufenthalte, Kinder=

küchen usw. sind die wichtigsten Einrichtungen, die keine Kommune entbehren kann. Es muß hier noch viel mehr gearbeitet werden, als bisher; es müssen gar keine Opfer, weder an Geld, noch Zeit, noch Kraft geschont werden. Aber hierbei kann es auch heißen: "Der Worte sind genug gewechselt, nun laßt uns endlich Taten sehen." —

Ist unsere Arbeit an der Jugend indessen erledigt, wenn diese die Schule, oft sogar das Elternhaus verlassen hat? Haben wir nur Pflichten gegenüber den Kindern, und nicht auch gegenüber der heranwachsenden Jugend? Wollen wir Freunde unseres Volkes in den Fehler so manchen schlechten Elternhauses verfallen, das für die kleinen Kinder sorgt, sich um die heranwachsenden Kinder nicht kümmert und vielleicht gar die sündhafte Entschuldigung hat: "wenn sie nur vor meinen Augen anständig und ordentlich sind, was sie hinter meinem Rücken treiben, geht mich gar nichts an?" Ich kenne keinen schlechteren pädagogischen Grundsatz.

Von dieser Arbeit an der heranwachsenden Jugend soll die Rede sein, ganz besonders von der freien Liebestätigkeit, aber auch von den Pflichten der staatlichen Armenpflege und von allgemeinen sozialen Pflichten auf juristischem und medizinischem Gebiet.

Bis vor etwa zehn Jahren haben in dieser Arbeit an der heranwachsenden Jugend fast nur die sogen. christlichen Jünglingsvereine, Jungfrauenvereine, die konfessionellen katholischen Gesellenvereine usw. gestanden, und es soll gerade an dieser Stelle einmal ausgesprochen werden, wie viel und wie Großes diese Vereine geleistet haben und noch heute leisten. Eine abfällige Kritik nach dieser Richtung hin beweist nur völlige Unkenntnis der Verhältnisse und völlige Verständnislosigkeit. Wahrlich, nicht nur unsere Kirche, sondern unser Volk hat den großen Männern der inneren Mission und der Jünglingsvereine und der verwandten Bestrebungen auf katholischer Seite sehr viel zu danken. — Seit zehn Jahren haben sich aber auch weitere Kreise in freier Weise an dieser Arbeit beteiligt, sodaß das Interesse und die Bestrebungen hier allgemeiner geworden sind. Wie die Formen der Arbeit sind, darüber wird ja an anderer Stelle berichtet. Es ist auch keine Zeit und Gelegenheit, hier in den Kampf der Meinungen einzutreten, welche Form die richtigere oder gar die einzig richtige ist. Wir haben Ernsteres zu tun, als zu streiten; wir müssen arbeiten. Die Formen der Arbeit, ob spezifisch kirchlich, oder religiös und gemeindlich, oder nur humanitär, werden sich nach dem Ort, nach der Eigenart der Jugend, nach der Befähigung der Leiter richten. "Es eifre ein Jeder seiner unbestochenen, von Vorurteilen freien Liebe nach." Alle Arbeit an der Jugend, ganz gleich in welcher Form, soll willkommen sein, wenn sie der Jugend dienen will. Alle Arbeit an der Jugend, ganz gleich in welcher Form, soll auf das entschiedenste zurückgewiesen werden, als verhängnisvoll und unsittlich, wenn sie durch die Jugend einer Partei, einer kirchlichen oder sozialen Richtung dienen will, wenn sie die Jugend als Mittel zu irgendeinem Zweck benutzt.

Hier sollen allgemeine Gesichtspunkte und Richtlinien gegeben werden. Wer an der Jugend arbeiten will, muß die Jugend lieb haben und ihr vertrauen können; denn nur Liebe erzeugt Liebe, Vertrauen erzeugt Ver=

trauen. Es gehört zur Arbeit an der Jugend ein großer, unverwüstlicher, alles überwindender Optimismus, ein Optimismus, der nicht Schwärmerei, verlogene Schönfärberei und Sentimentalität ist, sondern aus dem Glauben an das Gute, aus dem Glauben an die Menschheit kommt, und der sich allein gründet auf den Glauben an Gott und seine sittliche Weltregierung. Das aber soll immer wieder hineingerufen werden in unser Volk: Unsere Jugend ist es wert, daß man sie sehr lieb hat, für sie arbeitet, für sie lebt. Die Jugend gerade aus unserem Volke ist begeisterungsfähig, ist noch edel und rein in ihrem Denken und Fühlen. Die Klagen über die Verrohung der deutschen Jugend verbitte ich mir; ich kenne die Jugend besser, als tausend andere. Zahlen beweisen nichts, das Leben und die Erfahrung beweist alles. Ich stehe in St. Pauli — dem mit Unrecht verrufenen St. Pauli — freilich mitten in den schwierigsten Verhältnissen, mitten in einer Volks- und Arbeitergemeinde seit 12 Jahren im innigsten Verkehr mit der Jugend, täglich, stündlich, und habe die besten, wundervollsten Erfahrungen gemacht. Unsere deutsche Jugend kann noch eines Freund Freund sein, kann ehrlich lieben, kann für alles Große und Edle sich aufrichtig begeistern und kann — Gott sei Dank — noch alles Gemeine und Schmutzige hassen mit glühendem Herzen. Unsere deutsche Jugend hat Ehrgefühl und Mut. Gewiß, ich habe manche Enttäuschungen erlebt — aber meistens mußte ich mir selber die Schuld geben; ich hatte es gar zu falsch angefangen. Gewiß, es gibt sehr traurige Ausnahmen — rohe, schlechtgesinnte, feige, träge Knaben und Mädchen; aber einmal sind es eben doch nur Ausnahmen und anderseits sind die Klagen über diese traurigen Erscheinungen fast ebenso viele Anklagen gegen die Gesellschaft, gegen die Verhältnisse, gegen uns, die wir das Beste, was wir haben, unseres Volkes heiligsten Besitz, unsere Jugend, gerade im schwierigsten Alter der Entwicklung, gerade dann, wenn das Elternhaus seine Pflicht nicht tun kann und nicht tun will, ohne Führung, ohne Hilfe, ohne — Liebe ließen. Diese traurigen Erfahrungen müssen uns Freunden des Volkes immer nur ein Sporn sein, nun erst recht einzusehen, wie nötig unsere Arbeit an der Jugend ist, nun erst recht unsere Kraft einzusetzen. Wer an der Jugend arbeitet, weil er sich eingebildet hat, was die unglückselige Statistik ihm bewiesen hat, daß die Jugend verroht ist, der ist unfähig und ungeschickt dazu, nur wer die Jugend über alles lieb hat und darum alles tun will — prophylaktisch —, zu verhindern, daß sie verroht und verkommt, der ist zur Arbeit die rechte Persönlichkeit. Man sagt im Volksmund: Kinder haben ihren Engel. Das habe ich oft genug erlebt. Was müssen unsere armen Kinder oft in ihrer Jugendzeit hören und sehen; der sittliche Schmutz liegt vor ihren Füßen; sie müssen hindurch und gehen hindurch und — haben sich oft den Fuß noch nicht einmal beschmutzt. Das ist ein größeres Wunder, als wenn ein Kind aus dem Fenster fällt und unversehrt am Boden liegt. Gewiß, unsere schulentlassene Jugend aus dem Volke ist nicht leicht zu behandeln; im großen und ganzen wird sie gerade von uns, die wir aus anderen Kreisen stammen, wenig gekannt und noch weniger verstanden. Hier darf das Studium nicht aufhören. Nicht aus Büchern, sondern aus dem Leben muß gelernt werden. Dieses Studium ist aber wichtiger und ernster und — interessanter, als die Tiefseeforschung, als die Kenntnis auf manchen Gebieten der Naturwissenschaft. Bei aller Hochachtung vor dieser hat sie uns viel geschadet, weil sie Zeit und Kraft und Interesse für andere Wissensgebiete, zumal des Menschen und der Menschenseele, absorbiert hat. — Man darf bei unserer Jugend nicht frischen Übermut für Frechheit halten, man darf nicht kleine gesellschaftliche Taktlosigkeiten für Roheit halten, man darf nicht ein gewisses, ruhmrediges Banausentum für Unverschämtheit ansehen. Man muß nur gegen den Heuchler scharf zu Felde ziehen und niemals durch Bevorzugung „lieb' Kinder" erziehen. Übrigens habe ich unendlich viel freundliche Erfahrungen gerade nach dieser Richtung hin gemacht. Die Disziplin in meinen Jugendvereinen ist eine äußerst strenge, und sie ist nie verletzt worden. Es muß ein Respekt herrschen, der auf Liebe ruht und um der Sache willen sich freiwillig und freudig unterordnet.

Unsere Jugend hat uns in dem Alter von 14—17 Jahren ganz besonders nötig. Sie macht dann eine sehr schwere Zeit durch. Schule, Kirche und Haus haben sehr oft die Tür hinter der sie verlassenden Jugend verschlossen, oder diese findet den Weg oft nicht zurück; übrigens ist ihre jugendliche Kurzsichtigkeit nicht immer allein daran schuld. Denn Lehrer hat die Jugend einmal genug genossen und genießt ihrer immer noch in den Fortbildungsschulen. Daß sie sich noch freiwillig einen Lehrer suchen sollte, kann man von ihr nicht verlangen. Ebenso von dem Pastor hat sie viel, oft zu viel gehabt; man kann ihr nicht verargen, wenn sie keine Lust hat, gerade den Pastor aufzusuchen, zumal wenn der Pastor immer Pastor bleibt mit seiner furchtbaren Amtswürde. Unsere frische Jugend hat ja auch eigentlich einen Pastor kaum nötig; man kann ihr ruhig „kirchliche Schonzeit" gönnen; eben für die Kirche und ihre Beeinflussung müssen andere Institutionen in diesem Lebensalter eintreten, die Jugendvereine, das Theater, „als moralische Anstalt" usw. Ich sage nicht, daß die Jugend eine „religiöse Schonzeit" haben solle, gewiß nicht. Ohne religiöse Beeinflussung könnte in diesem Alter sehr viel verdorben und versäumt werden. Religiöse Beeinflussung hat jeder Mensch immer nötig. Aber Kirchlichkeit ist doch etwas anderes als Religiosität. — Das alte patriarchalische Verhältnis zwischen Lehrmeister und Lehrling, wie es früher war, als dieser noch im Hause seines Meisters wohnte, ist ganz selten noch vorhanden; im Großbetrieb und im Kaufmannsstand niemals mehr. — Unsere Jugend hat heute viel Freiheit. Darüber wollen wir nicht klagen. Das ist gut! Es bildet ein Charakter sich in dem „Strom der Zeit", der Strom der Zeit fließt aber nur in der Freiheit. Aber die Freiheit ist ein verhängnisvolles Geschenk, wenn man sie nicht zu gebrauchen versteht. Wer lehrt unserer Jugend den rechten Gebrauch der Freiheit? Wer beantwortet ihr die großen Fragen des Lebens, die an sie herantreten? Wer klärt sie auf über die großen Rätsel? Wer zeigt ihr das Leben, wie es wirklich ist, mit seinen Abgründen und seinen Gefahren, Anfechtungen und Versuchungen; wer lehrt sie die Menschen kennen und die Geister unterscheiden? Bleibt nur der gleichaltrige, oft hochbegabte, aber doch sehr unreife Freund! Wie viel sittliche Kraft, wie viel Idealismus wird auf den dunklen Straßen aber zerstört. — Wie ist heute die Kunst des Lebens so schwer! Was bekommt unsere arme Jugend heute alles zu hören! Wer beschützt sie gegen den Schmutz in Wort und Bild? Wer beschützt sie gegen die entsetzlichen Tatsachen, die heute durch die Sensationspresse in unser Volk getragen werden, und die mit Behaglichkeit breitgetreten werden. Fiat justitia, pereat mundus! Was tut's, wenn unsere reine Jugend dadurch vergiftet wird!

Ja, dies Jahrhundert ist das Jahrhundert des Kindes, der Jugend! Das ist ein schönes Wort; soll doch wohl heißen, daß die Jugend im Mittelpunkt des Interesses, der Liebe, der Arbeit stehen soll. Gott sei Dank, daß man endlich zu der Wahrheit gekommen ist: Kommt, laßt uns unserer Jugend leben; wer die Jugend hat, der hat die Zukunft. Aber es gilt auch hier, die Augen offen zu haben, wenn man ein Freund der Jugend ist. Von allen Seiten drängt man sich an unsere freie Jugend heran, fast alle Parteien, alle möglichen künstlerischen, wissenschaftlichen Bestrebungen, ja von irgendeiner sogenannten Idee oder Weltanschauung, und wenn sie noch so unausgetragen und noch so wenig bis zu Ende gedacht ist, soll unsere Jugend schon dafür gewonnen werden. Noch einmal — wie oben — es kann nicht oft genug betont werden — nur der ist ein Freund der Jugend, der nichts anderes will, als ihr dienen; der ist der schlechteste Freund der Jugend, der durch sie einer Sache, und wäre sie an und für sich noch so gut, dienen will und die Arbeit an der Jugend als Mittel zum Zweck macht.

Nebenbei bemerkt, wo das Elternhaus seine Pflicht tut, hat die Vereinstätigkeit nichts zu suchen; dort kann sie nur das Familienleben stören, aushäusig machen. Das Elternhaus ist immer besser als alle Vereine; das Elternhaus muß unbedingt vorgehen. Einen Besuch des Jünglingsvereins oder Lehrlingsvereins — auf den Namen kommt zunächst nichts an — als ein verdienstliches Werk, als eine kirchliche oder soziale Tat und Pflicht hinzustellen, ist Torheit und Unrecht.

Was wollen wir also? Das ist leicht zu sagen: **Wir wollen der heranwachsenden Jugend Freund werden; wir wollen an ihr Gesinnungsarbeit treiben und so sie fähig machen, im Kampf des Lebens zu siegen, die Freiheit recht zu gebrauchen, sittlich religiöse Charaktere zu werden, die Gott über alles lieben, die ihr Vaterland lieben und dafür leben, die ihre Pflicht heilig halten und sie erfüllen.**

Weiter nichts. Das aber auch ganz und mit vollem Ernst. Der Verein darf nur Mittel zum Zweck sein; niemals Selbstzweck. Darum ist alle Vereinsmeierei zu vermeiden; Statuten und Paragraphen sind möglichst einzuschränken. Ich hasse Statuten und Paragraphen; sie festigen nicht die Freundschaft, sie hindern sie vielmehr. Man mache nie Statuten; sie müssen, soweit sie dringend nötig sind und unerläßlich bleiben, entstehen. — Wir wollen in den Lehrlingsvereinen keinen Unterricht geben, nicht eine Art Fortbildungsschule neben der eigentlichen sein. Dann kommt das Verhältnis zwischen Lehrer und Schüler heraus; das kann aber nie die persönliche Freundschaft ersetzen. Wissenschaft und Kunst dürfen nicht um ihrer selbst willen im Lehrlingsverein getrieben werden, sondern nur soweit sie Mittel sind für den obengenannten Zweck. — Politik, Parteifragen, sonstige Weltanschauungsfragen müssen unter allen Umständen fortfallen. Die Jugend von 14—18 Jahren hat — mit ganz wenig Ausnahmen — keine Weltanschauungsfragen. Wer der Jugend die Freiheit raubt und sie für eine Partei gewinnt — sei es, welche es sei —, versündigt sich schon an der Jugend, schafft Karikaturen und keine Charaktere. Der fertige Kandidat der Theologie, wie er einst mit 15 Jahren aus gewissen Vereinen hervorgegangen ist, der ganz lieblich über religiöse, ja kirchenpolitische Fragen urteilt, ist ein ebenso widerliches Zerrbild wie der fertige Sozialdemokrat, der mit 15 Jahren über alles, was besteht, aburteilt und den Klassenkampf predigt. Wer die Jugend lieb hat, muß sie alles Ernstes vor solchem Einfluß hier wie dort schützen. Das heißt, der Jugend die Freude rauben und sie zum Gegenteil der schönen Lehre eines Sophokles erziehen: „Nicht mit zu hassen, mit zu lieben bin ich da." — Man darf auch niemals der Jugend ein Gelübde abnehmen, sei es für das weiße Kreuz oder für das blaue Kreuz oder dgl. Es ist leicht für jemanden, der Macht über die jugendlichen Herzen hat, in einer begeisterten Stunde sie zu einem solchen Gelübde zu bringen. Die Jugend kann die Tragweite nicht beurteilen, und man bringt sie in die allerschwersten Seelenkämpfe. Das kann auch Verleitung zum Meineid sein. Vor allen Dingen ist ängstlich zu vermeiden, was zur Heuchelei bringen kann. Der Heuchler ist schlimmer als der größte Lump; dieser kann auf den rechten Weg zurückgebracht werden, jener nicht. Wenn mir einer nachweisen könnte, daß ich mit meiner Arbeit, die mir über alles lieb und teuer ist, auch nur im geringsten Heuchler erziehen würde, dann wollte ich meine Arbeit sofort völlig aufgeben. Darum dürfen die Vereine nur ideale Güter geben, keine äußeren Vorteile, wie Stellennachweis, Unterstützungen usw. Von diesen allgemeinen Institutionen unten noch ein paar Worte. — Die kirchliche Beeinflussung schließe ich aus; die Kirche ist heute Parteisache; man mag das beklagen, aber daran ist momentan nichts zu ändern. Daß das so ist, daran ist nicht nur die falsche Meinung unseres Volkes schuld, sondern oft die Geistlichkeit, die anstatt Gott zu dienen durch die Menschen und den Menschen zu dienen durch Gott, sich zur Stütze von Thron und Altar gemacht hat. Eine religiöse Beeinflussung ist natürlich geboten. Kirchlichkeit und Religiosität ist etwas verschiedenes. Siehe oben und meinen Artikel in „Evangel. Sozial"[1]. Religion ist Leben mit Gott. Wie man Gesinnungsarbeit treiben kann, wie man an das Herz und das Gemüt eines Menschen ohne Religion herankommen kann, das soll man mir erst einmal zeigen. Moral ist das langweiligste, das existiert, ist graue Theorie, Religion ist des Lebens grüner Baum. Mit moralischen Lehren ertötet man jede sittliche Begeisterung, jeden ernsten Entschluß zum Guten. Will man die Jugend bestimmt hinaustreiben, so gebe man ihr moralische Lehren und Geschichten. Arme Jugend, wie viel hat sie darin schon ertragen müssen; sie ist fast abgebrüht und abgehärtet dagegen. Dieses langweilige Zeug braucht sie sich in unseren Jugendvereinen nicht mehr gefallen zu lassen; alles kann unsere Jugend ertragen, nur keine Langeweile. Sie

---

[1] Näheres durch Pfarrer Roese, Darmstadt.

läuft weg, denn sie empfindet, Gott sei Dank, gesund. Man gebe der Jugend keine Lehren, sondern Ideale; man gebe ihr Persönlichkeit. Zu einer Persönlichkeit kann man nur durch Persönlichkeit erziehen. Wir Leiter und Freunde der Jugend müssen selber immer mehr versuchen, Persönlichkeiten zu werden. Das kann aber meiner festen Überzeugung nach nur durch den unmittelbaren Einfluß der lebendigen Persönlichkeit Jesu selber geschehen. — Turnen, Sport, Spiele, dramatische Aufführungen, musikalische Darbietungen können und dürfen gewiß in unserem Verein vorhanden sein, damit die Mitglieder Boden und Gelegenheit zu ihrer Betätigung finden, aber sie dürfen doch nicht Hauptsache und Endzweck sein, so daß unsere Vereine zu Turnvereinen und Sportvereinen usw. werden, sondern sie dürfen nur Mittel zu obengenanntem Zweck sein. — In den Lehrlingsvereinen soll frisches, fröhliches Leben herrschen, wie es der Jugend natürlich ist. Freilich muß auch stramme Disziplin vorhanden sein, sonst ist die persönliche Beeinflussung unmöglich. Die Art und der Ton des Zusammenseins muß dem Leben des Elternhauses entsprechen. Eigentliche Vergnügungen dürfen nur ganz selten sein. Man hüte sich ja, die Lehrlingsvereine zu Vergnügungsanstalten herabzudrücken. Damit würde man das Gegenteil von dem erreichen, was man will.

Wir wollen der Jugend Freund werden; d. h. wir wollen ihr selber leben, uns ihr geben mit allem, was wir haben und sind. Dazu ist ein jeder berufen, der die Jugend lieb hat; wahrlich nicht nur Pastoren und Lehrer. Wir wollen, daß uns die Jugend immer unbedingtes Vertrauen entgegenbringt. Freundschaft beruht auf Geben und Nehmen; wenn wir von der Jugend nichts haben, hat sie auch von uns nichts. Wir müssen fähig sein, von ihr Frische, Fröhlichkeit, Mut, sorglosen Glauben an Gott und Menschen, unverwüstlichen Optimismus zu nehmen. — Mein hochverehrter Lehrer und Freund D. v. Ruckteschel stellte es als eine Hauptforderung sozialer Arbeit hin, sich gegenseitig kennen zu lernen. In der Arbeit an der Jugend treten sich die verschiedenen Stände unseres Volkes nahe, in dieser Arbeit vollzieht sich der gesunde und natürliche Ausgleich der Stände. Wenn auch später sich die Menschen wieder in ihren Ständen trennen, ja wenn es auch immer Parteikämpfe geben muß, so können sie doch nicht mehr so gehässig, so fanatisch geführt werden, wenn man einander kennen und schätzen gelernt hat, als es jetzt leider oft der Fall ist, daß man einander nicht kennen, ja oft sich verkennen will. Schon aus diesem Grunde ist die Jugendarbeit im eminenten Sinne eine soziale.

Die staatlich organisierte Armenpflege hat besondere Pflichten gegenüber der heranwachsenden männlichen und weiblichen Jugend. Es ist äußerst verhängnisvoll, wenn etwa einer Witwe die Armenunterstützung entzogen oder gekürzt wird, sobald der Sohn oder die Tochter konfirmiert ist; dann müßte eigentlich die Unterstützung erhöht werden. Nur in dem Falle, wo die Tochter in den Dienst tritt, ist die Mutter die Sorge für ihr Kind los, sonst wird ihre Sorge nur größer. Durch diese falsch angewandte Sparsamkeit von seiten der Armenpflege kann es leicht kommen, daß unsere

Jugend gerade in den Entwicklungsjahren „unterernährt" bleibt und für das Leben schwächlich und untüchtig wird. Was aber vielleicht noch schlimmer ist, unsere jungen Männer werden gezwungen, durch Laufjungenstellen ihr Brot zu verdienen und für die Ihren zu sorgen. Sie lernen nichts und werden sehr oft „Gelegenheitsarbeiter" oder Bummler. Das ist ganz besonders traurig bei den begabten Knaben. Das Leben eines Arbeitsburschen und Laufjungen ist geistig nicht ausgefüllt, anderseits lernen sie auf der Straße viel Schlechtes. Ich habe viele von den prächtigsten, begabtesten Jungen ins Verderben und Laster sinken sehen, nur — weil sie nichts lernten und keinen eigentlichen Lebenszweck hatten, und weil die Sorge für die Ihren die jugendlichen Herzen lähmte. Die Verwaltung des Hamburger Waisenhauses sorgt dafür, daß alle ihre Zöglinge etwas lernen, und scheut keine Kosten. Das muß auch die Armenverwaltung tun. Es müssen Mittel vorhanden sein, um die jungen Leute in ihrer Lehrzeit zu kleiden, zu ernähren und anders zu unterstützen. Wo die staatliche Armenpflege das nicht tut, sondern ihre heutige Praxis beibehält, beraubt sie den Staat um großes Nationalvermögen, das ihm in der Tüchtigkeit seiner Jugend lebt. Das gilt auch für die Mädchen. Gewiß ist es gut, wenn ein Mädchen in den Dienst tritt, aber nicht alle Mädchen eignen sich dafür. Wird die Armenunterstützung der Mutter entzogen, so muß die Tochter in den Dienst treten; wenn sie sich dort aber nicht wohlfühlt —, und das eben heranwachsende Kind ist nicht immer schuld daran — dann verläßt sie den Dienst und geht sehr oft in die Fabrik. Die Mutter hindert den Entschluß ihrer Tochter nicht, weil sie gern den Verdienst ihres Kindes mitnimmt. Gerade die Armenbehörde, welche die Sorge für eine Familie übernommen hat, sollte sie besonders auf die Berufswahl und Ausbildung des Kindes ausdehnen. Das ist notwendigste Prophylaxe.

Die großen staatlichen, sozialen Maßnahmen für die heranwachsende Jugend, welche von den Männern und Frauen, die in der Armenpflege tätig sind, betrieben und veranlaßt werden müssen, sollen hier nur angedeutet werden:

1. Schutz der unehelichen Kinder,
2. Ledigenheime,
3. Arbeitsnachweise,
4. Jugendgerichte.

Printed by Libri Plureos GmbH
in Hamburg, Germany